テレワークの達人がやっているゆかいな働き方

How to Enjoy Telework

林雄司

青春出版社

半年はいていない革靴、
ミーティングのたびにやってくる
宅配便のドライバー、
そして、
パジャマで働いているすべての人へ。

はじめに

テレワークが突然、普及しました。
たくさんの人が戸惑いながらいろんな工夫をしています。

書類のハンコをなくしたり、ビデオ会議にワイシャツで登場するけど下はスウェットだったり。同じ部署の人と同棲しているのがばれないように、ひとりだけバルコニーで会議に出たり。

こんなに仕事のしかたに対して考えたことはありませんでした。仕事をやらされているのではなく、DIY 感覚で仕事をしています。
新しい働き方の習慣が生まれる瞬間に立ち会っているのかもしれないと考えると興奮します。と同時に笑ってしまうような失敗をたくさんしています。

引いて考えたらこの状況はとてもゆかいです。ジタバタしているこの人たち（含む自分）がとても愛おしい。
そんなゆかいなテレワークのエピソードを集めた本です。

申し遅れました。林雄司と申します。
「デイリーポータル Z」というサイトの編集長をしています。納豆を

１万回かき混ぜたり、リモコンを改造して対岸のテレビのチャンネルを変えたりとかそんなことをしているサイトです。
　やっていることは実験だったり工作だったりいろいろですが、目的は人を笑わせたいという点で一致しています。

　編集部は６名、契約ライターは50名超の世帯ですが、2020年３月以降、完全にテレワーク体制になりました。
　ネットのメディアながら、対面で話したり飲みに行ったりする昭和な作り方だったので、テレワークには戸惑いました。

　この本はテレワークにとても役に立ちます。悩んでいるあなたはぜひ買うべきです。
　なぜならば、うまいやり方が載っているだけではなく、人のテレワークの失敗を見て安心することができます。特に後者が載っているのはこの本だけ。
　たぶん忘れることができないこの2020年の年末の飲み会で、このテレワーク黎明《れいめい》期の珍プレー好プレーを笑い飛ばしてあげてください。

林 雄司

CONTENTS

目次

- バーチャル背景に凝りたいが
  デフォルトの画像にしておく
- 出オチを狙うなら緑色のＴシャツを着ておく
- カメラソフトで芋になっても２分で飽きる
- ウェブカメラが高画質だと逆に、粗く見せたくなる
- メガネにライトが反射するので
  照明をあてている人がわかる　…etc.

Column

イラストレーション　なかむらるみ
本文デザイン　浦郷和美
本文 DTP　森の印刷屋

TELEWORK FILE

巻頭

つい人に話したくなる テレワークあるある事件簿 BEST 30

「テレワーク」という新しい島に、まだ私たちは慣れていません。過剰に装備する人、いつも同じ穴に落ちる人、すっかりホームシックになっている人……。バラバラで心配になります。でも私たちはこの島でなんとか暮らそうともがいています。本人にとってはアドベンチャー気分ですが、俯《ふ》瞰《かん》するとコメディです。

TELEWORK FILE No. 1

会議中にかぎって宅配便がくる

１日にミーティングが１時間しかない日でも、その時間を狙って宅配便がやってきます。でも、退屈な会議で宅配便でも来てくれたら抜け出せるのにな、というときは来ません。そういうものです。

テレワークが始まったころは、ビデオ会議中に玄関チャイムが鳴って「どこかの家で宅配便が来たぞ」とガヤガヤしていたけど、だんだん家ごとのチャイムを把握するようになって誰の家に来たかがわかるようになりました。逆に、スマホからドアチャイムの音が鳴らせるようにしておくと、それを自分で鳴らして会議を中座できます。テレワーク時代になってもサボリ社員のマインドは持っておきたいものです。

TELEWORK FILE No. 2

ビデオ会議なのにスーツでネクタイの人が現れるとびびる

考えてみれば、仕事にスーツで登場しておかしいことはないのですが、ビデオ会議にスーツの人が現れると驚くようになりました。それが、しかも会社ではなく自宅から参加しているとなおさらです。家で「お父さんどうしちゃったのかしら？」と思われてないか心配です。スーツ着たのに部屋に閉じこもったりして。

こちらがＴシャツなので、ちゃんとしてない感が際立ちます。「平服でお越しください」と言われてマジ平服で行って浮いたときの記憶がよみがえります。スーツのような度を越した服装は相手に圧を与えるのでマナー違反、という新しいビジネスマナーができてほしいところです。

TELEWORK FILE No. 3

おじさんの鼻の穴に話しかけているような気持ちになる

ごちゃっとした家を見られたくない。その結果、ウェブカメラが上を向きすぎている人を見かけます。そのなかでも、顔が入っちゃってるタイプの人がいます。すると、鼻の穴がばっちり映ることになります。

さすがにこれは、若者にはいなくて、おじさんのテレワーカーに多いパターンです。キング・クリムゾンのジャケットのような状態の人と会議をするのが働き方改革なのでしょうか。昔のドラマやマンガで見たテレビ電話、テレビ会議ではそんな鼻の穴だけの人はいませんでした。『エヴァンゲリオン』にモニターが並んでいる会議のシーンがありましたが、みんなちゃんとカメラが正対しています。

TELEWORK FILE No. 4

偉い人がミュートで話しはじめると「おい、誰か言えよ」という雰囲気

偉い人はたいていパソコンスキルが低いものです。だからマイクをミュートにしたまま話しはじめます。

取締役が無音でパクパクしはじめました。「ミュートですよ」というこちらの声も届かない。回線が悪いのか、もしかしてスピーカーまでミュートにしているのか。

しかたなく、部長課長が身振り手振りを始めます。口のところに手を持っていってグーパーしてみたり。手でバツを作ってみたり。この人たちと南極探検に行ったら全滅しそうですが、その姿はとても愛おしく、テレワークがもたらした一服の清涼剤と言えるでしょう。

TELEWORK FILE No. 5

カメラ好きのおじさんがすごく凝ったカメラでやたら高画質で登場する

デジタル一眼レフも、パソコンに専用ソフトを入れたり、専用ハードウェア（ビデオキャプチャカード）でつないだりすると、ウェブカメラにできます。これでビデオ会議に参加する人がいます。明るくて背景がボケやすいレンズを使って、でも、映っているのはカメラ好きのおっさんです。雨がしたたるフロントガラスかってぐらいムーディーな背景で登場して、ビデオ会議参加者の度肝を抜いたシーンを何度か見ました。

リモート飲み会でそういう良いカメラで登場した人がいて、完全にバーみたいな雰囲気になっていました。たぶん参加した人全員が「いったいなにを見せられているんだろう」と思ったことだと思います。

TELEWORK FILE No. 6

すごく高性能のプロ用マイクで登場するおじさんもいる

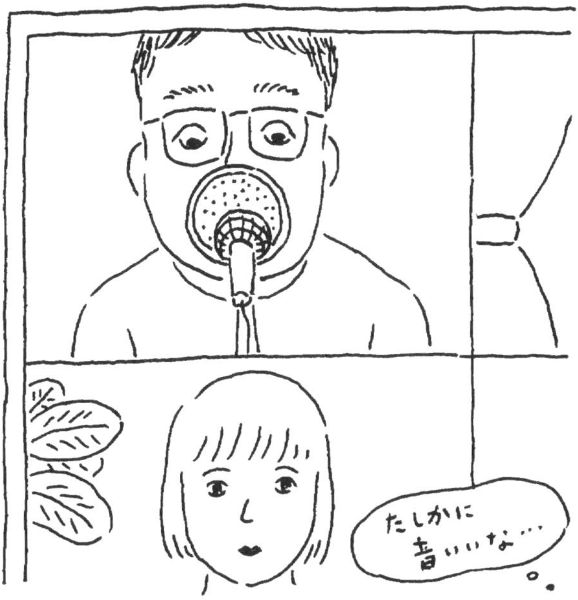

カメラ好きのおじさんはマイクにも凝ります。USB につなぐ本格的なマイクはもちろん、マイクスタンド、ついにはポップガードまでついています。ポップガードというのは、マイクの前に設置する金魚すくいの網のようなもので、昔のラジオ DJ や声優がスタジオで録音するマイクの前についています。40 代以上の人だけがわかる表現で言えば、「USA フォー・アフリカ」のビデオでマイクについていたアレです。

テレワーク用の良いカメラ、良いマイクは、大人にとっての多面筆箱（あらゆるところにフタがついている筆箱）なので、温かい目で見守ってあげましょう。なぜなら私もマイクを 4 台買ったからです。

TELEWORK FILE No. 7

逆光で影になっている人がいる。本当にその人か不安になる

凝った照明器具を使う人もいれば、まったく光に頓着ない人もいます。西日が当たり、完全に逆光で、影だけになっている人。ニュースに登場する「正体を明かさずに事情を話す関係者」のようです。声が甲高く変わっていたら完璧でした。

その影の人、「それ、うちでやっておきますよ」と親切に言ってくれているのですが、本当に僕が知っている人だろうかと不安になりました。

僕もシェアオフィスの電話ブースで会議に参加したら完全に影になったことがありました。中腰になると外の光が入って顔が見えることがわかり、妙な姿勢で会議を続けて腰を痛めました。

TELEWORK FILE No. 8

顔と名前が一致する世界がやってきて会社員生活のストレスが一つ消えた

ビデオ会議の利点は、顔の下に名前が出ることです。事業部の大きな会議で一緒になるけど名前を知らない人、がいなくなりました。井口さんか江口さんかわからなくて「い」と「え」のあいだの、英語にしかない音で「ぃぇぐちさん」と呼びかける必要がなくなりました。

ところで新たな問題として現れたのが、読み方がわからない人です。IT系でよく見かけます。ニックネームだったり社内チャットのアカウント名だったり。「Batayan……。田端さんだろうか」。しかしそれで呼ぶしかない。結果、「バタヤンさんはこの日程で問題ないですか」「なべさんはどうですか？」と、まるで昭和の会社のようになっています。

TELEWORK FILE No. 9

子どもや猫が映り込んだときアメリカンジョークを言う人がいて反応に困る

問題は子どもが映り込むことではなくて、自分がアメリカンジョークを言われたときの戸惑いです。なんと返していいのかわからないのは、リアル会議でもビデオ会議でも同じ。「新しいメンバーだ」「こんにちは」「そうだ、いい機会だからどっちのデザインがいいか聞いてみよう」……ドラマだと、まぎれ込んで来た子どもの一言がきっかけでブレイクスルーが起きたりしますが、現実は「どっちも嫌い」などと元も子もないことを言って場をシーンとさせたりします。「シーン」じゃなくてビデオ会議のプツプツというかすかなノイズが聞こえる瞬間。子どもが映ってもジョークでとどめておくのが得策と言えましょう。

TELEWORK FILE No. 10

定例のミーティングを重ねるうち、後ろの子どもになじみが出てくる

久しぶりにリアルの展示会があり、同僚が子どもを連れてやってきていました。その子どもに見覚えがすごくあります。……定例のビデオ会議で、同僚の後ろをよく通り過ぎる子どもでした。「おおお本物！」と思ってしまいました。ただの子どもなのに。

かつては、テレビタレントが「本物に会うと感激する存在」でした。それが、まさか同僚の子どもでそれを感じるとは。

今後もテレワークが続いていくと、その子どもが成長してグレるようすも見られるのかもしれません。髪を金髪に染めた姿を見て驚きたいものです。

TELEWORK FILE No. 11

バーチャル背景でいくらでもごまかせるが良心がゆるしてくれない

カメラに向かう自分の正面写真をZoomの背景に設定すると、椅子の後ろで寝ていても会議に参加しているように見せることができます。実際にやりました。でも動かないからすぐにばれます。動画も設定できるので、うなずきながら資料に目を落とすようすを1分ぐらい動画に撮ってそれをループ再生すると、かなり精巧にごまかせます。会議に復帰するときは一旦ビデオオフにしてつなぎ目がばれないようにすればいいですし。でも、ここまでやるとイタズラじゃなくて不正です。かりあげクンじゃなくてナニワ金融道になります。テレワークとビデオ会議という最新の状況になって、良心という最古の回路が機能しはじめました。

TELEWORK FILE No. 12

会議中、ハンドスピナーがあると便利

小学校で「手いたずらしない」「手遊びしない」と言われたことがありますよね？　それと同じ状況がビデオ会議で起きています。人の発言を聞くとき、ついツイッターを見たりスマホを見たり、そして気がつけば猫動画を見ている。で、急に振られて慌てる。意見を求められても「しゃべる猫の動画を見ていたので……」とは言えません。世界中でそんなことが起きています。そこでおすすめしたいのがハンドスピナーです。人の発言を聞くとき、ハンドスピナーをシャーシャー回す。これでマウスやスマホを持たなくなります。「ハンドスピナーは集中力を高める」と言われていましたが、その伏線が数年経って回収されました。

TELEWORK FILE No. 13

ワンポイントのかっこいい白Ｔを着ても肌着にしか見えない

ビデオ会議では、いい服を着ていてもまったく伝わりません。ワンポイントが入ったＴシャツもそこが映らなければただの白いＴシャツです。しかも、生地の質感なんてウェブカメラ越しに伝わらないので、グンゼにしか見えません。コム・デ・ギャルソンもドルチェ＆ガッバーナも、白ければ全部グンゼです。とんだパラダイムシフトがやってきました。

これに気がついてから服は首元まで模様がある、白以外、襟《えり》があるものを選ぶようにしています。襟元、命です。ブルーのスタンドカラーのシャツを着て参加した同僚は「学ラン着てるのか」と聞かれていました。微妙なディテールのおしゃれが効かない時代になりました。

TELEWORK FILE No. 14

終了時、ぶちっと切ると悪い気がしてタイミングを見極める

会議の最後、切ないのは「おつかれさまでした」と言っている間に終了されること。「おつかれさ…（プツッ）」というあれです。真っ黒のモニターに無の表情の自分がうっすら反射しています。別に話の最中で切られたわけでもないので構わないのですが、やっぱり全員が「おつかれさまでした」と言ったときに終了させたい。相撲の立ち会いのように両者の息を合わせたいものです。会議には残念ながら行司がいませんので、互いに「はい～切りまーす」と言いながら谷のタイミングを見極めて終了ボタンを押します。「お前から切れよ～」「じゃあせーので切ろうか」という恋人同士の電話のよう。あんなスキルが生きるんですね。

TELEWORK FILE No. 15

打ち合わせって短パンで行って良いんだっけ、と本気で悩む

夏のテレワーク中は、男女ともに100％短パンです。外で打ち合わせのある日、ちょっといい短パンを選んでいることに気づきました。コットンのベージュの短パンに、白い半そでボタンダウン。これならよその会社に行っても大丈夫……。あれ？　大丈夫でしたっけ？　いや、夏でも長いズボンをはいていた気がします。スーツの人すらいたような気も。しばらく時間が経つと、元の世界の異様さに驚きます。その日は、戸惑いながらも長いズボンで行きました。相手の会社もみんな長いズボン世界の人だったので正解でしたが、ベルトを忘れてずっと手で押さえていました。やっぱり世界に慣れてない気がします。

TELEWORK FILE No. 16

仕事脳が初期化され、最初に入った会社名を言いそうになる

久しぶりの出社、部の代表電話を取ったときに脳が止まりました。「はい……○○商事です」。言えた。言えたけど、いま一瞬、新卒で入った会社名を言いそうになっていた！

忘れ物をしたり、エレベーターでオフィスのフロアが一瞬わからなくなったり、仕事脳が鈍っているのは感じていましたが、妙な記憶が飛び出してきました。久しぶりに会社の電話を取る緊張感を、新卒の緊張感と混同したのかもしれません。

次の出勤日に、新卒で入った会社に行ってしまわないように気をつけたいところです。

TELEWORK FILE No. 17

社外秘の資料を家のゴミ袋に入れるとき少し躊躇する

社外で打ち合わせをして直帰。もらった資料が自宅のデスクに置かれます。そしていろいろあってその案件は消えてしまい、資料も必要なくなったのでゴミ箱に入れました。

ゴミ箱から半透明のゴミ袋に移し替えたとき、鼻をかんだティッシュの横に「社外秘」と書いたA4横の資料がペローンとこっちを向いていることに気づきます。

同じマンションの人が見ても特にどうってことはない内容ですが、ちょっと気が引けます。マツモトキヨシのシルバーのビニール袋に入れて外から見えなくして捨てました。

TELEWORK FILE No. 18

ズボンを後ろ前にはいていたと夕方になって気づく

「ビデオ会議とはいえ下半身がパジャマのままというのは、いくらなんでもなまけすぎだろう。ここは社会人としてぴしっとズボンをはき替えて気持ちを切り替えよう」

たまにやってくる真面目な自分（そいつの言うことを聞くと大抵ろくなことにならない）がそんなことをさせます。

しゃきっとしたつもりが、夕方、コンビニでズボンが前後逆であることに気づきました。しゃきっとしなかったはずです。

TELEWORK FILE No. 19

公園で散歩しながら打ち合わせすると、同じような人にすれ違う

毎日自宅で会議をしていると、わかりやすく煮詰まります。家族に声が聞こえるのも照れ臭いし、座ったままだと考えがまとまりません。会社のように立ち上がってホワイトボードに描きながら考えることができませんから。「散歩しながら会議すると良い」と聞いて実践してみました。たしかに目に入ったものが刺激になって頭が活性化します。面白いです。気にして見ると、公園や遊歩道に歩きながら話している人がいます。「売り上げは 5000 万だからさ〜」とジョギングしながら話している人が通り過ぎました。機密情報大丈夫か！　と思う反面、その売り上げ額がうらやましかったです。半分くれ。

TELEWORK FILE No. 20

リモート飲み会は2回やれば十分だ

「そうだ、飲み会もリモートだ！」と張り切ってみたものの、やっぱり「あれはなんだったんだろう……」という気持ちは否めません。酸素バーやキャベツ畑人形と同じものとして後世、語られるんじゃないでしょうか。まず、全員がこっちを向いている飲み会、そんなホラーなシチュエーションはありません。そして仕事用デスクでビールを飲みます。おつまみも自然とスナック菓子になります。だって注文しても肉豆腐とかサバの塩焼きとか持ってきてくれませんから。居酒屋では多少会話が途切れても平気ですが、リモートでみんな黙ったときのホワイトノイズに耐えられず、ずっとしゃべっていることに気づきます。

TELEWORK FILE No. 21

腰が痛いので椅子やクッションに凝る

在宅勤務で問題となるのは「椅子」です。1日じゅう座って働ける椅子なんて家にありません。会社の椅子のすばらしさを噛みしめます。

そこでクッションに凝りはじめます。Amazonや通販では、それを狙ったかのように「ゲルクッション」（ポリ塩化ビニルなどの素材で作られた、やわらかく弾力性があるクッション）が、やたらと出回りはじめました。

私もゲルクッションをはじめ、3つを買ってようやく理想的なクッションにたどり着きました。長時間飛行機に乗る人のための、空気を入れて使う安いクッションです。空気の入れ方によって、座りごこちが変わります。

知人は椅子がわりにバランスボールに座っていたため、打ち合わせ中ずっと上下に動いてました。気が散るので上下に動かないでほしいのですが、どう注意していいのかわかりません。「上下に動くな！」でしょうか。仕事でそんな注意をする日が来るとは思いませんでした。テレワークはわからないことだらけです。

TELEWORK FILE No. 22

立って仕事しようとしてしばらくすると戻る

スタンディングデスクというものが流行ったことがありました。デスクの板が高く、立って使うことを前提にしたデスクです。健康に良いのと、立っているほうが脳がはたらく、という理由だったと思います。

テレワークでも健康のために立ってみよう。そう考える人は少なからずいて、立った状態でミーティングに登場したりしますが、やがて座ります。

立ち上がった状態で下からカメラであおると、すごい圧迫感があるんですよね。巨大ロボのように見えます。健康を気にした結果、巨人として会議に登場する。「風が吹けば桶屋が儲かる」のようですが、途中に挟まっている因果はひとつだけです。

TELEWORK FILE No. 23

いつのまにか Amazon で買い物している

ネットで調べ物をしていたのにいつのまにか Amazon で買い物をしていることがあります。意外に午前中の頭がぼんやりしているときにやられます。

あれ？　なんで椿油を買っているのか。しかも定期お届け便で。

午前 11 時って、働きはじめてまだ 1 時間ぐらいしか経ってないわけで、この時点での 1 日の収入と支出を比べたら明らかに赤字です。

午前中の衝動買いを取り戻すために夜まで働いているような、そんな気持ちになります。皿洗いでラーメン食べさせてくれる中華屋のようですね。

TELEWORK FILE No. 24

すごく大きくうなずくようになる

ビデオ会議では、「バラエティ番組に出ているタレントが小さなワイプ画面のなかでおこなうしぐさ」がビジネススキルになりました。

相手がしゃべっていることに対して「同意してますよ」ということを声を出さずに、小さいウインドウの中から伝えたい。そのスキルはそのまま、ロケのVTRをスタジオで見ているタレントの動きです。

口パクで「ほー」、のけぞって笑う、30度以上の角度でうなずく。ただし、マイクオンで声を出して笑ってしまうと、なにか言いたいのかと勘違いされて「どうぞ」と振られてしまうので、あくまで無音でおこないます。

もっと笑っていることを伝えたいと思って、手を叩いてみたのですが、手を顔の前まで持ってこないとカメラに映りません。手を高く掲げて叩くその姿は、国民を称える王のような鷹揚《おうよう》さでした。明石家さんまの気分だったのですが。手を叩くのはやりすぎなようです。

TELEWORK FILE No. 25

2人同時にしゃべらないよう「どうぞ」が口癖になった

ビデオ会議で、みんなダチョウ倶楽部のようになりました。2人以上が同時に話すと聞き取れないので「どうぞ」「どうぞ」となりますが、不思議と上島竜兵のようになる人はおらず、スムーズに進行します。

ビデオ会議で手を振ったり、小さな枠のなかでオーバーに驚いてみたり、ビデオ会議でのしぐさは、テレビの影響を知らず知らずのうちに受けています。

いまビジネスマンが見るべき番組は『ワールドビジネスサテライト』ではなく『王様のブランチ』です。

TELEWORK FILE No. 26

ビデオ会議中の雑音で場がなごむ

ビデオ会議中の生活音で、会議がなごみます。誰かの家で洗濯機が終わった音、犬の声。ビジネスから急に、生活に引き戻されます。

玄関チャイムがファミリーマート入店音だったりすると、「ファミマ？」「ファミマ！」と会議が盛り上がります。

でも、あまりなごまない音を出す人もいます。知り合いの後ろでは会議中、ずっとカラスが鳴いています。たまにカラスの声が特に大きくなることがあって、家をカラスに包囲されているのではないか心配になります。

雷が鳴っている人もいました。雨雲レーダーで見ると、その人の周辺だけゲリラ豪雨になっています。ビデオ会議のおかげでゲリラ豪雨の範囲の狭さを実感できました。

TELEWORK FILE No. 27

ピーナツ食べるとその音が ASMR みたいになる

テレワーク後、ふだん会社では食べない「音が出るおやつ」を食べるようになりました。ピーナツ、ポテチ、せんべいなどです。ポリポリ、パリパリ、バリバリ。

でも、その続きでうっかりビデオ会議中に食べると、全員のヘッドホンに咀《そ》嚼《しゃく》音が響きます。ASMR（耳元で音を鳴らして脳がぞわぞわする音声や動画）のようになってしまいます。同僚を悶《もだ》えさせたくはないもの。

ビデオ会議のサービスによっては、ショートカットキーで音声をミュートできます。食べるタイミングで一瞬ミュート、飲み込んだらミュート解除、という操作をすばやくできるようになりました。ミュート解除して発言、そしてまたミュートしてバリバリ。「保存」のショートカット「Ctrl + S」を手が覚えているように、せんべいのショートカットも手が覚えるようにしておきましょう。

うっかりタイミングが逆になると、会議中、ずっとバリバリ鳴らしている人になります。

TELEWORK FILE No. 28

会議中は子どもにゲームを渡して大人しくさせる

子どもがいる家庭では、テレワークが影響を与えていました。とある家では、ビデオ会議や打ち合わせがあると、子どもを大人しくさせるために「ニンテンドースイッチ」を与えているとのこと。

別の家では、夜にビデオ会議があるといっしょに子どもがずっと起きているそうです。

そういう話を聞くと、「遅い時間だけどちょっとだけいま打ち合わせできますか？」と無理なお願いがしにくくなりました。……！　もしかしたら僕にそう思わせるために言っているのかも !?

打ち合わせの最中、スイッチでなくても大人しくさせるために、けん玉でも送ることにします。

TELEWORK FILE No. 29

地元住民にあやしまれる

散歩しながらビデオ会議に参加するといいと書きました（FILE No.19 参照）。人通りの少ないところを探して歩き回ることになります。

住宅街のはずれの山に住む私の母は、テレワーク時代になって「見慣れない人が近所を歩きながら話している」と言ってました。それは不審者ではなく、テレワーカーだと教えてあげました。ちょうどいい距離なんだと思います。

TELEWORK FILE No. 30

テレワークで同僚と顔を合わせることが増えた

私が所属しているデイリーポータルZ編集部では、リモートで毎日、定期的なミーティングをおこなっています。

リアルで顔を合わせない分、コミュニケーションを増やす目的です。時短勤務の社員や朝起きられないメンバー（私）がいるため、16時という中途半端な時間にセッティングされています。

しかしよく考えたら、リアルに会社に行っていたときも、全員が揃うことはめったにありませんでした。

テレワークになって顔を合わせることが増えたのは、社外の取引先も同じです。

北海道や沖縄のお客さんとも打ち合わせができる、と言われますが、そんなわかりやすい遠隔地の取引先はおらず、電車で片道1時間半ぐらいの、微妙に行くのが面倒な距離の人との打ち合わせが増えました。

TELEWORK
FILE

第 1 章

あ～よかったな テレワークになって

二日酔いの朝、布団のなかで天井を見上げながら「会社のほうから来てくれないかな」とよく思っていました。2020 年、なんと本当に会社が家に来てしまいました。テレワークです。「来るなら来るって言ってよ～準備するから」と親戚みたいなことを言いながらも、悪くないなと思いはじめています。

No. 31 昼に近所の景色を見て驚く

テレワークでは、昼に買い物に出かけることもできます。会社に通勤していたころは夜しか見ることができなかった近所のスーパー。その昼のようすに驚きます。昼の鮮魚、総菜コーナーの品ぞろえの多さ。見たことない総菜があります。

夜、半額になってから買っていたからあげを、昼に買ったらふわふわでした。「安いけど固い唐揚げの店」というイメージは夜だけでした。

昼は買い物もできるし、散歩もできる。

働いている場合ではありません。

No. 32 コンビニをエンタテイメントとして楽しむ

張りきって自炊していたテレワーク初期のテンションは下がり、コンビニ弁当が登場する回数が増えていきます。

毎日のようにコンビニに行っていると、商品の移り変わりがよくわかります。ロールケーキの新しい味が出た、セブンチャーハンがおにぎりになった、あのガーリック弁当が今日はあった。コンビニの商品棚を連載のように楽しんでいることに気づきます。

商品だけではありません。新しいバイトが入ったこともわかりますし、たまに本部から来た社員がレジで「いっしょに唐揚げはいかがですか」ときちんとした応対をしているときのバイトの緊張感までわかるようになりました。

No. 33 ひとりで言い訳しながらウーバーイーツを使う

コンビニに行くのすら面倒、コンビニ弁当もさすがに飽きた。そんな心の隙間に入り込んでくるのがウーバーイーツです。

ちょっと高いですが、「いや、外に買いに行く手間を考えたら安いから」「栄養のバランスが取れるから」……誰に言うでもない言い訳を考えながらウーバーイーツを頼みます。

その後ろめたさでスタッフにチップをあげたり、家にあるペットボトルの水をあげてしまいます。

No. 34 「ただの水」のよさに気づく

テレワークが始まって、自宅でちょっといいコーヒーを淹《い》れたりしましたが、そのテンションももう下がりました。

インスタントコーヒーでいい、ペットボトルのお茶でいいや……その先にたどり着いたのは「水」！　しかも僕の場合は、水道水です。水道水に氷を入れることもあれば、そのまま飲むこともあります。水道水ストレート。コーヒーは１日に何杯も飲めませんが、水だったら２〜３杯、余裕でいけちゃいます。

もちろん、寒い季節は「お湯」。お湯は温かい水以上にいいものです。

たまに会社気分で缶コーヒーを買ってくると新鮮です。家で飲む缶コーヒー。

No. 35 不摂生していた人は体重が減る

「テレワークになって太った」という声を聞きます。

歩かないので当然ですが、なかには痩せた人もいます。

毎日終電で帰り、ラーメンばかり食べていた人が健康的な食生活になり体重が減ったそうです。

No. 36 意外な「ながら会議」が生まれた

大学のリモート授業では受講者のビデオをオフにしているので、学生はいろんなことをしています。料理をしながら、プラモデルを作りながら授業に参加していたという話を聞きました。

しかも料理をしながらプレゼンをしていたというので、決してサボっているわけではないようです。

知人は「ビデオ会議中に手持ちぶさたなんでイラストの練習をしていたらうまくなった」と言ってました。教科書に落書きしたい気持ちはリモートでもリアルでも関係ないようです。

No. 37

移動なしで人に会う、という3つ目の選択肢ができた

たとえば社外の人に仕事を頼むとき、これまではメールに用件を書いて送るか、対面で打ち合わせるかの2択でした。

でも、テレワーク時代は「ビデオ会議で説明する」という選択肢が現れました。

対面での打ち合わせが30分だったとしても、移動の時間を入れると3時間ぐらい使ってしまいます。互いに3時間使うのはさすがに気が引ける。なのでメールで説明して、やっぱりうまく伝わってなくて失敗……ということが仕事あるあるでした。

「メール以上、打ち合わせ以下」がビデオ会議にちょうどいいんですよね。30分ぐらい資料を見ながらの会議をよくしています。

30分の打ち合わせで移動時間入れて3時間と書きましたが、途中でコーヒー飲んだり本屋をうろうろしたりする時間を入れています。

No. 38 「リモートでいいですか」と平気で言えるようになって楽

どうして定例ミーティングのために１時間かけて移動していたんだろう。リモートが当たり前になると、かつての行動が優雅に思えてきます。移動中の１時間、電車から景色を眺めていました。夕日に目を細めたり。景色はいいものですが、打ち合わせはリモートでじゅうぶんでした。

テレワークが一般的ではない時代には、「打ち合わせをリモートでお願いします」と言いにくかったのですが、いまは堂々と胸をはって言えます。逆に対面で打ち合わせしたいと言われると「なんで？」と思ってしまいます。親戚が急にやってきたときのようにうろたえます。

対面での打ち合わせを申し込んだら、「いま会社の電気がついてないので……」と断られたことがありました。テレワーク以前だったらただの電気代が払えていない会社です。本当にそうだったらどうしよう。

No. 39 堂々と昼寝できる

以前、中国のIT企業を見学したら、みんなランチの後に昼寝をしていました。フロアの電気を消して、デスクわきに簡易ベッドまで用意してしっかりと。中国躍進の秘密は、昼寝です。

日本の会社でも昼寝が導入されないかなと思っていましたが、テレワークで導入されました。導入されているかどうかはわかりませんが、私は導入しています。導入している人も多いでしょう。

こっそりと会社のトイレで寝て首を痛めたりしたのも、遠い過去の話です。これでたっぷりランチを食べても平気です。眠気は寝れば取れます。しかもいまは「パワーナップ」という便利な言葉まであります。パワーナップあけに同僚から連絡がたくさん入っているのも目を覚ますのにちょうどいいですね。

No. 40 ただし、昼休みはなくなる

昼寝ができる反面、昼休みがあやうくなりました。

ごはんを食べれば、その時間が昼休みです。でもそれが午後2時からだったりすると、ほかの人は働いているのでばんばん連絡が飛んできます。その結果、家でごはん食べながらスマホを見たりして、「スマホを見ながらラーメンを食べているサラリーマン」のようです。実際そうなのですが。

解決策は、ビデオ会議ツールの自分のステイタスをこまめに変えること。あそこは1日じゅう「ランチ」にするとか、冗談を書くところではないようです。

No. 41 昼間のテレビの話も堂々とできる

テレワークが本格的になる前から、たまに自宅で仕事をしていました。

家でランチを食べながら昼のテレビを見て、それが面白くても SNS には書かないでいました。家にいるのがばれてしまいますから。

でも、みんなテレワークになってよかったことは、昼のテレビの話も堂々と SNS に書けることです。具体的にはテレビ東京の『昼めし旅』です。

『鬼滅の刃』が流行っているのは、テレワークの隙間に見ている人が増えたからだと推測しています。

第2章

ここが大変だよ テレワーク

テレワークは違和感の連続です。コンビニでアルバイトをしているのに自分だけ制服が宇宙服だった、ってぐらい、しっくりきません。あのもこもこした服で品出ししたりレジを打ったりしているような気分です。ヘルメット越しだとお客さんの表情もつかみにくい。でも宇宙服を着た店員がいるコンビニがあったらおもしろいですよね。

No. 42 場所探しで苦労しているのがカメラ越しに伝わる

「自宅でテレワークよろしく！」となっても、まず自宅にデスクがある人が少数です。食卓で働く、ローテーブルにパソコンをおいてあぐらで働く人がほとんどでした。

なかには、ベッドの上で働く入院患者スタイル、バスタブ（裸ではないですよ）、布団部屋など、ビデオ会議のカメラ越しに苦労が伝わる環境の人もいました。

その布団部屋には照明がなく、日没とともに会議の相手の顔が暗くなっていきました。でもPower Pointの白い資料を共有したとき、画面が明るくなって、真っ暗な部屋にモニターに照らされた顔が浮かびました。まるでボヘミアンラプソディーのジャケットのようです。テレワーク黎明期のちょっといい話です。

No. 43 会議室を探して街をさまよう

外でビデオ会議ができる場所はなかなかありません。カフェやコワーキングスペースでは、堂々と声を出すのがはばかられます。カフェのテラス席が理想ですが、たいてい先客で埋まっています（丸の内あたりのスターバックスの前はすごいですよ）。

椅子取りゲームにあふれた私たちは、公園のベンチで蚊に刺されたり、歩いたりしながら会議をおこないます。

おすすめはカラオケボックス。手ごろな値段で個室、電源もあるので理想的です。背景にきらびやかな模様が見えてしまうことを除けば。何度か利用しましたが、当然1曲歌います。1曲歌ってから会議に臨むと、のどがひらいて堂々としゃべることができます。

No. 44 始業時間ギリギリまで寝てるとまったく頭が働かない

通勤がなくなりました。始業時間ギリギリまで寝ていることも可能です。私は朝イチの会議の5分前に起きて参加したことが（何度か）あります。なんとか寝癖を直し、平静を装って参加しました。

でも、びっくりするぐらい頭が働きません。前回の打ち合わせでどういう話をしたのか、自分に課された宿題はなんだったのか。なにひとつ思い出せません。

でも大丈夫。「それで事業部長のオーソライズは取れているんでしたっけ？」「前回の資料、誰か共有できます？」などと逆の質問と時間稼ぎをすることで切り抜けました。

資料を読み込んでいるように、ウェブカメラにやたらと寄るのも手です。顔全部が映るとむくんでいるのがわかってしまうので、一部分だけが映るようにします。

No. 45

でかい声でしゃべって疲れる

ビデオ会議は疲れます。「通常の会議よりも疲れる」という人が多いようです。声をしっかり張らないといけないこと、発言のタイミングに気を使うことが原因でしょう。

同時にしゃべってしまって「どうぞどうぞ」と毎回ダチョウ倶楽部になるのも疲れます。

それから、ついキリっとしてしまう問題です。自分の顔がずっと見えているので、自然とキリっとしてしまいます。顔にずっと力を入れている状態、これが疲れる一因です。美容院で自分の顔を 2 時間見ていると疲れるのと同じです。

それから、人の表情。自分が主催の会議で面白くなさそうにしている人がいるのはつらいです。リアルの会議でも面白くなさそうにしている人はいるのですが、下を向いていたりパソコンを見ていたりするので横顔ぐらいしか見えません。

でも、ビデオ会議だとこっちに向いて「面白くないアピール」をするので、いらない冗談を言って盛り上げようとして疲れます。人が面白くなさそうにしていても無視する強い心を持ちましょう。

No. 46 冗談を言っても反応が聞こえない

会議中に冗談を言っても、相手に受けているのかどうかわかりません。「冗談を言っても反応が聞こえないから不安になりますね～」などと追加で言うこともあります。

しかし、考えなくてはいけないのは、そもそも冗談が一切受けてない、という可能性です。つまり、面白くなかった。リアルの会議でもシーンとしていたのかもしれません。

そう考えると泣きそうなので「みんなマイクをミュートにしていたからだ」と考えることにしましょう。つまり、ビデオ会議は傷つかずに冗談言いたい放題の場です。どんどん言っていきましょう。

いつかリアル会議で発言したとき、変な空気になっているかもしれません。

No. 47 盛り上がらない会議でノイズだけが聞こえる

盛り上がらないビデオ会議では、回線ノイズだけが聞こえてきます。「プツ、ジジジジ」。深夜の AM ラジオのようです。

会議を進行せねばという煩悩を捨てて、このノイズを秋の虫の音のように楽しめないだろうか。そう思って耳を澄ませたけどダメでした。

No. 48 打ち合わせの「空気」が作りにくい

ビデオ会議では、会議前の雑談がないので、始めてから場が盛り上がるまでに時間がかかります。

前述したように、リアルの会議にもたいてい面白くなさそうにしている人がいます。

ビデオ会議だと、その不機嫌な人たちがずらりと並んでこっちを向いています。なにか面白いことを言って場をなごませなければと思いますが、リアルの会議でもそんなになごんでいないことを思い出しましょう。

ビデオ会議のウインドウの上に別のウインドウを重ねて、不機嫌そうな人を見えないようにするのもストレスフリーへの道です。

No. 49 ビデオ会議で話し続ける人を止められない

リアルの会議でも話が止まらない人はいます。でもそういうとき、「山田さんはどうですか？」と発言させたい人を名指しで呼ぶ、手を挙げて「ちょっといいですか？」と言ってさえぎるなどの方法があります。

そんなテクニックも、リモートだと使えません。相手が疲れて一息つくタイミングを狙って進行するしかありません。

でも、それも回線の時差があるので相手の発言と被ってしまったり。「どうぞ」「どうぞ」と、やはりダチョウ倶楽部状態になりますが、ここは力強く「では私から」と上島竜兵のように言いましょう。

No. 50

誰への質問かわからないときがある

「それは誰に聞いてる質問ですか？」という発言を聞くようになりました。ビデオ会議だと顔を向けられないので、誰に向かって聞いているのかわからないからです。

　発言の主は、モニターのその人に向かってしゃべっているのかもしれませんが。

「誰に質問してますか？」「○○さんです」「あ、私ですか」というやりとりをしている３人が、全員ビデオオフで真っ黒になっていると、修学旅行の消灯後の部屋で話しているような気分になります。

好きな人の名前を言うのであればときめきますが、プロジェクトの遅れの理由を聞かれているので萎え萎えです。

No. 51 部長の話の途中で Zoom 会議が切れる

Zoom の無料アカウントは、「3 人以上の会議は 40 分まで」の制限があります。「そのおかげで会議が 40 分以内で終わるようになった」という喜びの声も聞きます。

その陰には、40 分を超えてプチッと終わった会議もたくさんあります。特に、最後の偉い人からのコメントの途中で終わった会議を、何度か経験しました。

担当者から連絡があって再びログインすると、その偉い人が照れ臭そうに「私の話が長いので切れてしまいました……。とにかく力を合わせて頑張っていきましょう」と、なげやりなコメントをして終わります。

話の腰を折るには、ミーティングを強引に終わらせるのがいちばんです。同じ会議で 2 回続けて偉い人の話が途中で終わったことがあります。もしかしたら担当者が手動で切っているのかもしれません。

No. 52 めんどくさい上司のめんどくささが加速する

「管理職になっても気さくな人と思われたい、部下に好かれたい」。ほとんどの役職者はそう思っています。その気持ちがビデオ会議で暴走しています。

とある会社の管理職は、ビデオ会議に馬のマスクで登場しました。最初は「なにやっているんですか～」と盛り上がったものの、2 回目、3 回目になると悲劇です。

「毎回上司が馬の格好で登場します」、悩みにしても不条理です。行き場を失ったパーティーグッズがビデオ会議にやってきています。
上司の部屋に、これ見よがしに並んでいるカメラやスタートレックグッズ。これも触れないわけにはいきません。「見たい」と言ったらカメラの前に持ってきてくれます。
「すごいですね！」とはっきり言う。テレワーク時代でも処世術は必要です。

No. 53 リモートに合わない会議と合う会議がはっきり分かれる

定例ミーティングのように、全員のやるべきことが決まっていて、その進捗確認をする会議は、リモートに合っています。
逆に、うまくいってないプロジェクトでは地獄です。対策を考える、受けそうなアイデアを考えるのは、ビデオ会議に向いていません。
リアルの場だと、そういう会議では、アイデアをホワイトボードに書いていって、みんなで見ながら話します。ボードに書かれたアイデアに対して「採用」「問題あり」と判断します。
ビデオ会議だと、ボードの役割をするものがないので、アイデアの評価がそのまま、提案した人の評価になってしまいます。アイデアの否定が人の否定のようです。
これを回避するために、自宅にホワイトボードを導入した人もいます。
私も真似して買ってみたのですが、まずはホワイトボードの大きさに驚きます。会社の備品が家に来たときの大きさは発見です（全然違う結論になった）。

No. 54 ビデオ会議の内容を家族に聞かれるのはつらい

家族が横にいるのにリモートでお詫《わ》びをしなければならない。お詫びまではいかなくても、虚勢をはって報告しなければならないときは、互いにつらいものがあります。これまでにないストレスです。

ビデオ会議での発言中、横にいる家族から「先週、違うこと言ってなかった？」と言われるのは、もっと大変です。そんな状況におかれた人類は、初めてではないでしょうか。脳がついていけないのは当然です。あきらめて会社のガラガラの会議室で、ビデオ会議に参加しましょう。

「会議中の家族が急に笑いはじめてびっくりする」という声もあります。会議に参加している当人は理由があって笑っているのですが、横にいる家族からは「急に笑いはじめた人」に見えます。

夫の発言の「数パーセント」を「スーパー銭湯」と聞き間違えて、新規事業で銭湯を始めるのかと思っている家族がいたとかいないとか（いません、私が作りました）。

No. 55 通勤の2時間がなくなってもそんなに生産性は上がらない

会社までの往復２時間が「自由時間」として誕生しました。本を読んだり、こまめに掃除をしたり、料理をしたり……いろんなことができると夢見ましたが、どれもそんなにできていません。いったいその２時間はどこに行ってしまったのでしょう。

ネットフリックス、ニンテンドースイッチ、睡眠。時間を吸い取るものはたくさんあります。むしろ、本に至っては、通勤電車で読んでいた時間がなくなって読書時間が減りました。

たくさんある時間を有効活用して、違う自分になる。子どものころに立てた夏休みの計画だって、そのとおりになったことなんてありませんでした。

No. 56 正直、仕事をしている気にはまったくならない

テレワークを長く続けていると、マインドが受け身になっていきます。家でとにかく与えられた業務をこなす。「公文式」をやっているような気分です。

なので、ルーチンワークはリモートでも問題ありません。やるべき手順を確認して、もれなく順番どおりやる。

ただ、新しいことはテレワークの環境だと生まれてきません。その原因は、メールやビデオ会議でわざわざ言うほどでもない思いつきを言えないからです。会社のキャスタつきの椅子をシャーと滑らせて同僚に近づいて、「ねえ、これどう思う？」というやつです。

イノベーションの本だと、そういう雑談から生まれるアイデアがすごいということになってますが、実際は半分以上が「くず」です。でも椅子を滑らせたいですね。

No. 57 リアルの関係性がないとテレワークは難しそう

新卒の採用活動をすべてリモートでおこなう会社もあります。説明会から最終面接まで、すべてリモート。そして、入社して働くのもリモート。

そんな会社でも、内定者向けに会社見学をおこなうそうです。その理由は「会社があることを伝えたいから」。「会社がある」って、入社の最初の前提ですよね。ない会社には入れません。対面で面接されているときは、そんなことを疑いませんでした。

もちろん、会社見学をしてもそこは貸し会議室で、社長も人事もすべて役者かもしれない。疑えばなんだって疑えます。でも、リモートになって「会社がある」という根源的な疑問にぶつかりました。

新入社員がいきなりモートで働きはじめると、直接会ったこともない人たちの会議の議事録を書いたりして疲弊していきます。「やっぱりこの会社は、ある、のだろうか？」と、これまでの世代とは違う疑問を抱えて働くことになります。

TELEWORK
FILE

第3章

ルームウェアと仕事着の境界線

かつて服装にはビジネスマナーがありました。こういう服はNG、こういう着方は相手に失礼になる。うっとうしいと思いながらも、それがひとつの指針になっていました。テレワークでは、その柱もありません。全員が手探りです。ヘンテコな格好で「これでいいんじゃない？」と言い合っている、おもしろバトル・ロワイアルが始まりました。

No. 58 ちゃんとしたときは ワイシャツを着るが下は短パン

ビデオ会議のファッションで私たちが気を使うのは、上半身だけになりました。ぴしっとしたいときは、ワイシャツを着ればOKです。もちろん、下は短パン。

短パンにワイシャツの裾を入れるかどうかもポイントです。出すとだらしないのですが、裾を入れると小学生コントをする大人のようになります。家族の手前、どちらがよいのか。やっぱりシャツの裾をインでしょうか。

このスタイルで挑むからには、例えば打ち合わせ中、後ろにある資料を取るときでも、絶対に立ち上がってはいけません。宅配便が来たときも、腰を落としたまま、横にはけてください。

不自然な動きで、打ち合わせの内容を一瞬忘れます。

不思議なことに、相手がぴしっとしたスーツ姿でカメラに映っていると、「下半身はパジャマなのではないか、いや、もしかしたらなにもはいていないのでは……」と思います。正装したことで変態に見える。正しさ←→変態の直線が輪っかになった瞬間です。

No. 59 座り小便が基本になるので 前チャックがないズボンでもOK

たまの外出で、気にすることがひとつ増えました。前あきのズボンと前あきのパンツをはくことです。

家のトイレでは基本、座って用を足すので、前があいてないパンツでもズボンでも構いません。

でも、外に出るとそうはいきません。駅や会社のトイレでは、スタンディングスタイルです。ちゃんと前があいているものを選びます。
大人なのでみんな「家のトイレで座っておしっこしてる？」とは聞きませんが、きっとみんなそうしていることでしょう。

前があいてないズボンは、たいていファッション性が高いので（チャック云々よりかっこよさ優先、みたいなデザイン）、テレワークになって男性のファッション性が上がっているはずです。

No. 60 靴をはかなくなる

テレワークで縁遠くなったのが、靴です。すっかり靴をはかなくなりました。どこに行くのも 100％サンダルです。でも、たまに靴をはくと、その包容力と歩きやすさに驚かされます。革靴なんてはいた日には、そのつやつやさに思わず写真を撮ってインスタグラムに挙げてしまいます。
靴すごい。
テレワークの結果、コメントが中世の人のようになってしまいました。
ネットショッピングでかっこいい靴を見ても、「どうせ、靴はかないしなあ……」と思ってそっと閉じます。
下半身はサンダル、短パンでどんどん質素になり、カメラに映る上半身だけ、襟や模様がつくようになりました。クジャクの進化のようです。

No. 61

「ちゃんとした服かどうか」の基準値が下がる

テレビドラマ『半沢直樹』を見ていると、おとぎ話のように感じます。全員がスーツにネクタイ、集まって働き、重厚な会議室で議論をする。自分と同じ会社員とは思えません。

ビデオ会議では、服装がちゃんとしているかどうかの基準が「襟」の有無になりました。襟があれば「ちゃんとした服」です。

スーツにネクタイだった時代から考えると、「ちゃんとした服」のラインがずいぶん下がりました。

このままカジュアル化が進んで、ちゃんとしているかどうかが「襟」から「袖」になるかどうかに注目しています。「袖があればOK、タンクトップはマナー違反！」という未来です。エンジニア、デザイナーではすでに来ている職場もありそうです。

私はパーカーで打ち合わせに出るとき、ひもが垂れているとカジュアル感があったので、ひもを抜きました。テレワーク時代の正装をめぐって「襟」「袖」「ひも」がせめぎあってます。

No. 62 背後にスーツをかければいいんじゃないかと気づく

かつて、夏でも会社員はスーツの上着を着ていました。ですが、暑いので上着を手に持って移動していました。着ることはないけれど、持っていることが大事、だったのだと思います。

同じように、ビデオ会議では背後の壁にスーツがかかっていると、ちゃんとして見えます。「仕事をバリバリこなしているので、上着をハンガーにかけてワイシャツ姿で働いている人」です。

実際に着ることはないので、スーツに見える１枚の布でもいいでしょう。お弁当のバランが実際の葉っぱからフィルムになったような進化です。「スーツに見える１枚の布」はビジネスチャンスです。

No. 63 下半身だけじゃなくて後ろもいらなかった

洋服屋で、バックプリントのＴシャツを見て愕然としました。

ビデオ会議ではまったく意味がありません。こんな無意味な服を着ていたとは。ビデオ会議では下半身は短パンでよいと書きましたが、考えてみれば後ろも不要でした。

ビデオ会議時代、私たちは平面になっていたのです。スーツも前だけで構いません。

金太郎の前掛け、焼肉屋のエプロン、あれらはビデオ会議の時代の衣服だったことに気がつきます。もちろんこれらを着たところで、「どうして焼肉屋のエプロンかけてるの？」と言われます。

No. 64 カバンに入れっぱなしになっている資料がある

テレワークになって、カバンを持たなくなくなりました。持つのは買い物に行くエコバッグばかり。

部屋の隅に放置してあるカバンをあけてみると、半年ぐらい前の資料が出てきます。役員の肝いりで始めたプロジェクトの検討資料。でもそのプロジェクトはあっさりと終わることを、いまの私は知っているわけで、ちょっとしたタイムトラベル気分が味わえます。あのころは、やる気があったな……（遠い目）。

タイムトラベル気分が味わえるものもあれば、前の年度の領収書とかしゃれにならないものも出てきます。見なかったことにして、もう１年寝かしてみましょう。

No. 65 自分の顔にこだわりスキンケアを始める

ビデオ会議で毎日、自分の顔を見ています。こんなに自分の顔を見ている時期はありませんでした。

酒を飲んだ翌日、むくんでいるのもよくわかります。なるほど、私の周りの人はこんな顔を見ていたのか。

Zoom は肌を補正する機能があるのでつるつるになっているのですが、Teams や Google Meet など別の会議システムに入ったときの自分の顔のぼそぼそ加減と言ったら！　それが気になって話が入ってきません。

補正された肌に近づけるためにスキンケアを始めた人も多いと聞きます（含む私）。

かたや女性は、ビデオ会議に慣れて化粧が薄くなっていく人が多いなか、コスメマニアの女性は「買ったけど使ってないのがあったので」という理由で派手なメイクで現れました。家から出ない、という環境が真逆の結果になっています。

ビデオオフの場合は皆さんノーメイク、下はリラコ（ユニクロの楽な部屋着）という声が圧倒的です。そりゃそうですよね。

No. 66 ひげを伸ばしはじめる

テレワークで人に会わない日々が続くと、ひげをそらなくなります。3日そらないとひげ面になり、雰囲気の変わった自分の顔が面白くなって、またそらなくなります。1週間そらないと愛着が出てきて、どこまで伸ばせるのか試しはじめます。

伸びていても、外に出るときにマスクをすればわかりません。たまのリアル出社もマスクで乗り切ることができます。

テレワークが本格化した春先は、ひげ面の男性を多く見かけました。ですが、本人が思っているほどひげの評判は良くなく（良くないというかたいてい悪い）、やがてひげをそって元に戻っていきました。

ただ、その周囲の反対を乗り越えて、仙人のようになっている人がたまにいます。大きい会社であれば、事業部にひとりぐらい仙人がいるのではないでしょうか。

No. 67 「また着る服」が増えていく

在宅勤務で着たパーカー、これは洗濯するかどうか迷います。外に出たわけではないからまた着るか……とソファの上に置きます。このような「洗濯するほどでもない服」が増えていくのがテレワークです。

でも、翌日も同じ服を着ていたらビデオ会議で（同じ服……）と思われてしまいます。だから別の服を着る、それまた洗濯するほどでもないからソファの上に置く。気がつくとソファに誰か座っているのかと思うような山ができています。

バーチャル背景じゃなくてバーチャル服がビデオ会議システムに実装されるのを待ちましょう。

TELEWORK FILE

第 4 章

ビデオ会議では何を隠し、何を映すべきか

マンガやアニメを「2 次元」と呼んでいました。ですが、ビデオ会議では私たちがすっかり 2 次元です。専務も部長も 2 次元キャラです。2 次元の世界に慣れていない私たちは、アニメ作品だったらストーリーをぶち壊すようなことを、どんどんしでかしています。

No. 68 バーチャル背景に凝りたいがデフォルトの画像にしておく

Zoomには「バーチャル背景」という機能があります。通常、映像を合成するときは、「グリーンバック」とよばれる緑色などの専用の布を用意するのが普通ですが、Zoomでは、そうした布がなくても背景画像を合成できます。

ビデオ会議の習慣が始まったとき、バーチャル背景で遊びました。有名な観光地、豪邸のプールサイド、歌舞伎町、サウナ、温泉地、手元の写真やネットで拾った画像。自分が映った画像を背景に設定して、自分を2人にしてみたこともあれば、テレビに出ているように見えるスタジオ画像を背景にしたこともありました。

ですが、世の中のほとんどの人は、バーチャル背景に興味がありません。あまり凝っていると「暇」とか「オタク」と思われるので、あらかじめ用意されているゴールデンゲートブリッジや宇宙程度にとどめておくのがよいでしょう。

バーチャル背景はどうやっても出オチ、会社の送別会の「本日の主役」のタスキと同じです。

No. 69 出オチを狙うなら緑色のTシャツを着ておく

ビデオ会議で盛り上げたいなら、緑色のTシャツです。Zoomのバーチャル背景を設定するときに「グリーンスクリーンがあります」をチェックすると、緑色のTシャツのところに背景が設定されてしまいます。

つまり、バーチャル背景がTシャツの柄になります。あらかじめ用意されている宇宙の写真を設定すれば、アメ横で売っているようなT

シャツになります。

チェック柄の背景画像を用意すれば、やたらとかわいいＴシャツに、バラ柄の背景画像だとゴシックな雰囲気のＴシャツです。このバーチャル背景着せ替えで１～２分の雑談はばっちりです。

ビデオ会議で全員、緑色のＴシャツを着て、全員おそろいの背景画像にしたら、妙な一体感が出ました。

No. 70 カメラソフトで芋になっても2分で飽きる

テレワーク初期、「Snap Camera」というソフトが一瞬、流行りました。このソフトを使うと、ウェブカメラの映像に、フィルターをかけることができます。肌をきれいに見せるほか、顔の周りにSFのバリアーのようなエフェクトをかけたり、芋のイラストに自分の目と鼻をつけたりできます。

「芋にしたが、戻し方がわからないのでそのまま会議に参加した」というツイートがバズっているのも見ました。それを見て、私も芋になってみたのですが、やはりそれで話が続くのは２分です。上司に芋で登場されて、素直な感想としては「面白い」よりも「困った」ではないでしょうか。

しかし芋の姿でも２分で慣れてしまうのが意外です。カフカの小説『変身』に出てくる「毒虫」だって、そのまま仕事に行ってみれば意外に受け入れられたのかもしれません。

No. 71

ウェブカメラが高画質だと逆に、粗く見せたくなる

ウェブカメラの高解像度化が進んでいますが、ビデオ会議で使うにはまったく嬉しくありません。それで撮るのは、「ぼそぼその肌の自分」だからです。むしろ、安い低解像度のカメラのほうがおすすめです。

画面の縦横比「16:9」の時代に昔の「4:3」タイプのカメラを買ったり、レンズ部分に鼻の脂をつけたりする人もいました。脂でやんわりフィルターがかかったようになります。

カメラ好きの人が聞いたら怒り出しそうなことですが、見せたい自分を撮るためです。

ポスターを貼るときのようにセロハンテープを輪にしてレンズに貼るといい、とも聞きます。試してみたところ、霧のなかにいるかのようなムーディーな映像になりました。「なにか燃えてない？」と心配されるぐらいの白さではありますが、うっかり高解像度モデルを買ってしまった人は、試すといいでしょう。

ただし、セロハンテープをはがすと、レンズの前の汚れがきれいに取れてぼそぼその自分が一層くっきり映るようになるので、ご注意ください。

ウェブカメラは低解像度の安いものを使うか、高解像度のものしかない場合は、鼻の脂かセロハンテープをためておきましょう。

自分がいるように見せかけるため、自分の写真を切り抜いてウェブカメラの前に置いてみましたが、ピントが合いませんでした。これぐらいがちょうどいい、そんな気がします。

No. 72

メガネにライトが反射するので照明をあてている人がわかる

カメラやマイクだけでなく、照明器具に凝りはじめる人もいます。私はYouTuberが使うようなリングライト（直径20センチぐらいの円状にLEDが入っているライト）を買いました。ただ、メガネをかけている人はレンズに円形の光が反射して、相手にばれてしまうので注意しましょう。

取引先のおじさんがリングライトを使っているのがわかったとき、ちょっと悪くて突っ込めませんでした。誰でも自分をきれいに見せたい、そんな素朴な思いを誰が悪く言えましょうか。

メガネじゃなくても目に反射して瞳がキラキラしてしまったこともありました。目をキラキラさせて会議に参加する中間管理職です。

モニターに星やハートを表示すれば瞳にハートが映りこむかと思って試しましたが、顔をすごく近づけないとダメでした。できたところで誰に見せるわけでもないのですが。

No. 73 人の背後になにが映っているかやっぱり気になる

YouTuberは、あえて自分の後ろにいろんなものを並べます。理由はわかりませんが、後ろにものがたくさんあると、興味を引くフックになりますし、そこに知ってるものがあると勝手に共感したりするものです。

上司、同僚の背後にあるものも、狙ってではないですが、気になります。やたらとカバンが後ろにかかっている人、本棚に本がたくさん並んでいる人は、当然気になります。

「本が気になるな」と思っていたら、ある日、その本棚に耐震補強のつっかえ棒がついたときには興奮しました。人の家が徐々に整っていくようすが見える。寝乱れたベッドがあるとどきどきします。

No. 74 自分の背景に本を置きがち

テレワークも落ち着いてくると、人々はバーチャル背景ではなく、リアル背景に凝りはじめます。そこで登場するのが、本棚です。ニュース番組でコメントする識者の背景が本棚であるように、「紙の本＝知性」というイメージがいまだにあります。

本棚をわざと後ろの映り込むところに持ってきて、アピールしたい本を並べます。『猿岩石日記』ではなく、『なぜ世界は存在しないのか』などがよいでしょう。

『AKIRA』をきれいに並べている人がいても、ヴィレッジヴァンガードみたいですね、などと言わない気づかいが必要です。

No. 75 とんでもないものが映っても案外、誰も言わない

とんでもないものとは、一緒に住んでいる奥さんや恋人がものすごく薄着で通り過ぎたり、ビデオオンのまま鼻をほじっていたりすることです。

大人なので「なにやってるんですか」とは言ったりしません。みんな黙りこくるだけです。でも３か月ぐらい経ってから雑談のなかで「あれびっくりしたよね〜」と盛り上がってしまいます。

No. 76 社内恋愛している２人の背景がいっしょで同棲がバレた

同棲している人がテレワークになると大変です。「会議に参加するとき、部屋の背景が同じにならないように注意している」という話を聞きました。まったく同じでなくても、雰囲気が似ているだけでも「オヤ？」と思われます。そういうときだけ勘が鋭い人、います。

しかも、付き合っている２人が同じチームだった場合、同じ会議に参加することになります。

そのために「バルコニーや押し入れで会議に参加した」という話を聞き、そもそも会議にバルコニーから登場した時点でおかしいだろうという気にしかなりません。恋は盲目です。

また、部屋を分けることができても、マイクで音を拾ってないか注意が必要です。ビデオ会議でなぜか声が二重になる人、それは回線状態が悪いのではなく、社内恋愛している人です。

No. 77 顔も名前も出ているのに「○○です」と名乗る人がいる

ラジオCMでは、誰がしゃべっているのかわかるよう、タレントに名乗ってもらうそうです。例えば「西川きよしです。みなさんは……」のようにです。

一方、ビデオ会議で発言する前に名乗る人がいます。「○○です。ちょっといいですか」。たしかに名前を名乗ってくれたほうが、誰がしゃべっているのかわかるので安心です。あの風習は、いったいなんなのでしょう。

「電話会議の文化ではないか」と推理している人がいました。かつて、モニターなしで音声だけの電話会議システムがありました。役員用の会議室に、ペンタゴンみたいな形の専用スピーカーが置いてあった会社も多いのではないでしょうか。

映像がない会議システムでは、名乗る文化だったことは理解できます。いまでも名乗る人は、ビデオ会議が導入される前から電話会議をしていたエグゼクティブか、ラジオタレントです。

No. 78 映したくないものを避けすぎて天井しか映ってない人がいる

ごちゃっとした家を見られたくない。その結果、ウェブカメラがどんどん上に向いてしまい、天井が7割ぐらいの人がいます。しゃべっている人は、目から上だけ。

そんな不条理な構図で登場しなくてもいいと思いますが、別に本人はアングラを目指しているわけではないようです（あたりまえ）。人の家の天井なんて泊まりにいったときぐらいしか見られないものですが、それを毎回見ながら話しています。

天井アングルの人のなかでも、物干し竿が見える人がいて、いったいどういう場所から会議に参加しているのか気になっています。風呂かバルコニーでしょうか。心配です。

服装やアクセサリーは、それが人に見せたいものだからそれについて質問すると喜ばれる。昔取材したホストがそう言ってました。ということはあの人が見せたいものは物干し竿なのかもしれません。どういう性癖なんだろう。

No. 79 もし「鼻の穴」おじさんに遭遇したら

ウェブカメラを上に向けすぎて鼻の穴が見えているおじさんがいることは先述しました（FILE No.3 参照）。

いっそのこと僕も鼻の穴を中心にしたアングルで話をするのはどうでしょう。互いに鼻の穴を見せあってディスカッションする。なぜかわかりませんが、ハラを割って話している雰囲気があります。

21 世紀のアイスブレイクはこれかもしれませんね。鼻の穴。

No. 80 自分の映像に凝るのはほぼ男性

「カフェでテレワークしている人が、カメラを横に置いて、アンニュイな横顔でビデオ会議に登場した」という話を聞きました。そのGACKTのような映像に、誰もなにも言えなかったそうです。

こういう自分の映像をやりすぎた失敗談は、私が聞いたかぎりは100％男性です。女性はそんなにあからさまな、作りこんだ感は出していません。ふだんから、メイクで自然に見せることに慣れているからかもしれません。

暗い部屋で真横から光を当てて、すごい陰影で登場したおじさんもいます。火星にある、顔に見える岩のようでした（「火星の人面岩」で検索して画像をご覧ください）。ビデオ会議で自尊心が暴走して、火星の岩になってしまったおじさん。時代のあだ花として後世に語り継ぎたいエピソードです。

No. 81 若者の部屋が汚いのはいいが年長者だと心配になる

ビデオ会議で見える部屋が散らかっている人がいます。押入れがひらいていたり、脱いだ服が積んであったり。若ければ許されるのですが、中年男性だと心配になります。

若者がダイエットすると、なにも思いませんが、中年男性が急に痩せると心配になるのと同じです。おじさんは少しふっくらして後ろに趣味のカメラを並べる程度がちょうどよいでしょう。

Column

ビデオ会議で使える
ジェスチャー集

ビデオ会議の小さな枠のなかでアピールするために、ジェスチャーが必要になってきました。子どものころ、お楽しみ会でやったあのジェスチャーです。あれが仕事になる時代がやってきたのです。

ビデオ会議時代のビジネスマニュアルとしてジェスチャー集を用意しました。ビジネスジェスチャーをマスターして、エーステレワーカーになってください。

01

「そうきたか」の顔。さすがですね、そのアイデアには感服しました、と相手を持ち上げつつ同意するとき。

02

「なるほど」の顔。相手の意見に同意するときは、うなずきつつ、あごに軽く手を添えて。

03

「へー！」の顔。驚いたときは、目と口をはっきりとひらく。ややひらきすぎぐらいが、ちょうどよいです。

04

「知らなかったー！」の顔。「へー！」に困り眉をプラス。自分の無知にはほとほと困ってるんです、の意味を込めて。

05

「ふむふむ」の顔。話を聞いていることを伝えたいときは、顔を軽く傾けてゆっくりとうなずく。聞いていなくても可。

06

「どういうこと？」の顔。相手に説明を求めたいときは、斜め上を見て困り眉。眉に力を入れて、しっかりハの字に。

07

「そんなあ～」の顔。両手で頭を抱えて困り顔。受け入れたいけど難しい。アンビバレンツな立場を示しましょう。

08

「まじすか～」の顔。額に手を押し当てて、そのまま顔を後ろに倒す。口は半びらきで驚きを伝えよう。

09

「ちょっと質問です」のポーズ。手を顔の横に持ってくる。顔の横まで持ってこないと、カメラに手は映りません。

10

「ミュートになってますよ」のポーズ。あなたの声をよく聞こうとしていますよ、とおばあさんに化けたおおかみの気分で。

11

「ちょっとトイレ」のポーズ。タイムと同じポーズですが、トイレのTです。大か小かまでは伝えなくて構いません。

12

「電話で席を外します」のポーズ。このクラッシックなポーズの前に、着信音に気づいた驚きの顔がつくとベター。

13

「子どもが帰ってきました」のポーズ。嬉しさと困った顔のミックスで。うちの家内がアレなんでドロンしますの発展形。

14

「了解です」のポーズ。大きな丸を作り、残りの指もきれいに立てる。絵文字になった気分で。

15

「Good Idea!」のポーズ。指をピンと伸ばす。相手を指さすと挑発的に見えるので、あくまで垂直に。

No. 82 1時間のビデオオフチャレンジ

「ビデオオン」の会議が続くなか、たまに大人数の会議などで、ビデオをオフにするように言われると、逆に燃えます。

この1時間のあいだになにをしよう（いや、本来は話を聞くものなんですけどね）。別の打ち合わせのための資料を読み込んでおくか、ちょっとめんどうな集計作業をやっておくのもいいな……。そして会議のあいだに終わらせようとパタパタと手を動かします。

なにもないときよりも充実した時間を過ごしていることに気がつきます。

ビデオオフの間に料理、洗濯など家事を進めている人もいます。充実した時間をありがとう！　ビデオオフの会議。

（面と向かって言えないのでここで書きました）

No. 83 ビデオ会議が終わったらカメラをふさぐ

ノートパソコンに内蔵されたカメラを、マスキングテープでふさいでいる人を見かけます。ビデオ会議のときはマステをはがして使い、終わるとまた貼る。

IT系で、なおかつマックブックを使っている人に多い習性です。ひとつのテレワークしぐさと言うことができるでしょう。

会議が終わったらウェブカメラを抜く人もいます。パソコンがハッキングされて勝手に映像を見られないための対策ですが、実際にそのようなハッキングがあるのかどうかはわかりません。ドラマでは見たことがあります。

ただ、1日の仕事の終わりにカメラをふさぐ、ウェブカメラを抜くのは、オンオフの切り替えとしてはおすすめです。

社員が働いているかどうかを監視するためのツールのなかには、カメラで撮影するものもあるので、セキュリティ対策を理由にテープでふさぎ、テレワーク（昼寝）にはげみたいものです。

No. 84 人のビデオ会議に映り込みたい

テレビ中継の後ろには、手を振っている子どもがいますし、大人だって球場の大型ビジョンに映ると手を振ります。

人はモニターに映り込みたい生き物です。ビデオ会議にさりげないふりをして入り込む同僚の子どもも同じでしょう。

しかたないな……などと達観していましたが、ある日、妻がリモート飲み会に参加しているとき、通りすがりにちょっと顔を出してしまいました。テレビであれば見ている人が数万人いるので顔を出す価値もありますが、6人の飲み会に顔を出して何が楽しいのでしょうか。でもやりました。映り込むこと、そのものが楽しいのです。人間の習性だから仕方ありません。

この習性を逆手にとって、乗り気がしない会議にすみっこから顔を出す「木原さんのお天気コーナーの後ろではしゃぐ子どもスタイル」で参加するのも一興です。

No. 85 取引先が「ビデオオフ」の会社だと戸惑う

ビデオ会議の作法は会社によって異なります。取引先のビデオ会議に入ったときの戸惑いは、よその会社の会議室に入ったときと同じです。リアルの会議室だと、高そうな生花があったり、壁が全面ホワイトボードになっていたり……。

ビデオ会議における最大の違いは、「ビデオオン」（自分の顔を画面に映す）と「ビデオオフ」（映さない）、どちらが習慣になっているか。

ビデオオンが当たり前の会社でも、大人数の会議、セミナーの場合はビデオオフにするように通達されます。

ビデオオンに慣れた人がビデオオフの会議に参加すると、「寝れる」「洗濯物ができる」などと興奮してしまいます。

ビデオオフが習慣づいている会社は、見られていなくても仕事できる大人が集まった会社か、洗濯がやたらはかどっているかのどちらかでしょう。

No. 86 「ビデオオン」にしてほしいが、顔ハラっぽいので遠慮する

ちょっとした悲劇は、「ビデオオン」の会社に、「ビデオオフ」の会社の人が来たときです。

「なんでこの人は顔を見せてくれないんだろう」と思うし、逆の立場からすると「なんでこの人たちは顔を出して、すごい圧でくるんだろう」と思います。田舎のネズミと都会のネズミのようです。

ビデオオンの習慣に慣れた身としては、顔を見せて欲しいのですが、言い方によっては新しいハラスメントになる気もします。顔ハラ。しかも理由が「顔が見たいから」という孫に会いたいおじいちゃんのような理由ですし。いっそのことおじいちゃんのように頼むのもありかもしれません。

No. 87 「顔を見せない」のが習慣化している人がうらましい

「ビデオオン」で顔を見せて会議をする会社でも、かたくなにビデオをオフにしている人がいます。「顔を見せない」というブランディングができているので、誰もなにも言いません。

そういう手があったのか、うどん屋で「大盛にしてね」と言っている人を見たときのような気持ちになります。

ビデオ会議サービスによって違いますが、ビデオオフにしていると、代わりにプロフィール画像が表示されます。ある日、ビデオオフキャラの人のプロフィール画像が定期的に変わっていることに気づきました。

季節にちなんだ画像になっています。

これは、テレワーク時代の時候の挨拶なのではないでしょうか。「初冬の候、いよいよご壮健のことと」という気持ちをサムネイルで表しています。12月、サンタクロースになるのか、いまから楽しみです。

No. 88 パソコンスキルが見た目に直結する

パソコンに詳しいことは、少し恥ずかしいことに感じていました。

しかし、テレワーク・ビデオ会議時代には、そのパソコンスキルが本人の見た目に現れるようになりました。

ソフトウェアに詳しいので肌をきれいに見せることができる、パソコンのスペックがよいのでバーチャル背景がきれいに抜ける、家のネットが高速回線なので動きもスムーズ、良いマイクを持っているので声も通る……。スキルがプレゼンテーション能力に影響します。

IT スキルが低いと、バーチャル背景が顔に適用されてしまって闇の帝王のようになったり、ほかの人が盛り上がっているなか、ひとりフリーズしていたりします。

プチパラダイムシフトが起きています。

No. 89 相手の背後に映るものに親しみが増す

ビデオ会議で定例のミーティングをしていると、参加者の背後にあるものになじみが出てきます。

なぜか本棚に調味料がある鈴木さん（仮名）、その調味料をカルディで見かけたときに「あ、鈴木さんちのだ」と思いました。その調味料は今後「スズキ」と呼ばれることになるでしょう。

同じように、人の背後にあるカーテン、インターホン、壁紙が、その人と結びついています。

たまたま店で同じものを見たとき、実物を見るのは初めてなのに妙に親しみを感じます。

リアルで言う「髪切った？」が、ビデオ会議時代は「カーテン変えた？」になると思います。

No. 90 自分の背後に余計なことを書くな

自宅に大きなポストイットを導入しました。ビデオ会議でメモを書いて説明するときに使うかと思ったのですが、ほぼ使っていません。

その代わり、思いついたことのメモ代わりに使っています。

ある日、そのポストイットにただ「ゴリラ」と書いたまま、初対面の人たちとビデオ会議をしました。最後の最後に、「……後ろの『ゴリラ』ってなんでしょうか…」と遠慮がちに聞かれました。

なにかの伏線のようになってしまいました。

ミーティングの後ろに謎の文字を残してはいけない。リモートでもリアルでも同じです。

No. 91 ブラウザを画面共有すると検索履歴が丸出しに

ビデオ会議サービスでは「画面共有」という機能を使って、みんなで同じ資料を見ることができます。

このとき自分が見ている「ブラウザ」を共有すると、URLを入れるときに緊張します。なぜなら、それまで見たページが一瞬出てしまうからです。グラビアのページなら笑えますが、ネットワークビジネスだったりすると息をのみます。

また、画面共有のままメモを書いているときの検索候補にも注意です。会社員としては「ご」で「ご確認」「ご連絡」を出したいところですが、「ゴリラ」なんて出た日にゃすごい勢いでタイピングしてゴリラを消します。

それから、見落としがちなのがウェブページの広告。広告は、検索履歴や見たページによって変わってきます。かつて知人は「最近、全身タイツの広告ばっかり出てこない？」と聞いてきましたが、全身タイツ好きそうな人だったので納得でした。

ふだん見ているサイトがわからないように共有用のパソコンを準備している猛者もいます。

No. 92 画面共有で白い画面を出すと反射で顔が明るくなる

ビデオ会議に参加している人は、モニターのあかりに顔が照らされています。薄暗い部屋で参加している人は、Power PointやWordなどの白い資料を共有したときに、顔が浮かび上がります。

逆に言えば、顔が暗いままの人は、資料を見ていない可能性が大です。たぶん違うものを見ています。

メガネをかけている人は、メガネに反射しているかもしれないと思ってじっと見ているのですが、いまのところ、わかったことはありません。
じっと見ている私の姿が映っていたら恐いです。

No. 93 笑いつづける人たちの実験映画みたいな映像が残る

ビデオ会議のなかでもZoomに限定した話です。Zoomでは、会議のようすをまるごと録画できます。
「クラウド録画」という機能の「スピーカービュー」（しゃべっている人が大きくなる）での録画データは、注意が必要です。

Zoomは声を発している人を「しゃべっている」と判定して、画面を切り替えてくれます。ということは、マイクをオンにしたままずっと笑っている人がいると、その人が延々映っている映像になります。

対談収録や取材の場合はマイクをオフにしないので、「全編笑っている人の映像」という、実験映画のような映像が残されることがありました。

笑い声の奥に、ほかの参加者の声も入っているので、その動画をもとに文字起こしも可能です。ただ、人の笑っている映像を1時間見ながら作業すると心がやられます。

Column

ビデオオフにしたいときの理由のつけ方

さっきまで寝てた。メイクしていない。後ろにごみ袋に入ったごみが置いてある。とにかくカメラをオンにしたくないときがあります。

「いま、ちょっと顔の調子が悪いから」と素直に言っても心配されますので理由を考えておくといいでしょう。

たとえば「カメラの端子が壊れたので」。

「カメラが壊れた」よりも具体的に言うと、もっともらしさが増します。「風邪をひいたので会社休みます」よりも「喘息っぽい咳が出るので会社休みます」のほうが信じやすい（心配されやすい）のと同じです。

マシンスペックが低くてバーチャル背景が使えないので

うち変なものが映るんですよ

メイクしてない妻が後ろを横切るので

親知らずを抜いて面白い顔になっているから

いま電車のなかなので

これらの理由をローテーションして乗り切りましょう。

TELEWORK FILE

第 5 章

ITリテラシーを高め、生産性を上げる達人の裏ワザ

あなたが本当に「テレワークの達人」かどうかは、問題ではありません。人があなたを達人だと思えば達人です。大事なのは、人に達人だと思ってもらうことです。ビデオ会議の名前を「達人」にするのも手ですが、もうちょっと遠回しな方法をひねり出しました。

No. 94 カメラ目線で話したいなら モニター上部を見るべし

ノートパソコンでもデスクトップでも、モニターの上部にカメラがついているため、モニターの中央や下のほうを見て話すと、伏し目がちになります。

そこで、モニターの上部、カメラのすぐ下に、相手の顔のウインドウを持ってくると、相手と目を合わせて話している状態にできます。

自信がないときほど、相手の目を見て話してごまかす。これが私の社会人生活で学んだことですが、このしぐさもウインドウの位置を変えることで実現できます。

No. 95 スマホじゃなくて プリントを見てますよアピール

人間は、ひとつ昔の道具を使っている人を「賢い」と思ってしまう生き物です。電子書籍の時代にあえて紙の本、メールで済むのに手紙で挨拶。チャットツールが一般的になったら、メールで伝えるのが丁寧な感じがしてきました。会社でも、あえてノートにメモを取っていると、ちょっとできる感じを演出できます。

さて、ビデオ会議ではその演出が使えません。ノートを見ているのか、スマホでマッチングアプリを見ているのかがわかりません。

紙にメモを書いていたことがわかるように、額にペンをあてて考えているふりをするのがいいでしょう。カメラ越しでもペンであるのがわかるように、なるべく太いペン。観光地で売っているお土産用のペンでもかまいません。

No. 96 ウインドウを小さくすると疲れない

大型モニターでスピーカービュー（しゃべっている人だけが大きく映る状態）にすると、本物以上の大きさになります。

ところが、ビデオ会議のウインドウを小さくするだけで、気が楽になります。

「子どもがリモート授業で好きなクラスメイトの顔を大きく表示している」という話を聞いてときめきましたが、働いている私たちが見るのは、会議の進行役や部長代理です。その顔をウルトラワイドモニターで見る必要はありません。

最小化してやりましょう。それだけで万能感を味わえます。

No. 97 聞かれたくない音や家族の秘密はミュートして

ミュートしてトイレ、これはビデオ会議の基本です。「外から帰ってきたら手洗い」ぐらい基本です。

これをせずに、迫力のある水が流れる音を配信してしまったという話はたくさんあります。トイレの洗浄便器に新しい機能がつくとしたら、ヘッドセットのブルートゥースを勝手に切る機能でしょう。

ビデオ会議中にかかってくる電話。急いで出るためにミュートを忘れることがあります。実家からの電話、しゃべっている声だけではなく、電話の向こうの声までかすかに聞こえることがありました。

電話の向こうの親戚が取引先を「ひろくん」って呼んでいるのが聞こえました。しかもお金の話でした。ひろくん、ミュートしてください。

No. 98 肝心なのは、大きな声と、そんな声を出せる部屋

自分の声にこだわって、プロ用マイクを使っている人がいることは先述しました（FILE No.6 参照）。

マイクの性能でいえば、iPhone についてくるマイクつきのヘッドホンが、かなり優秀です。そして肝心なのは、大きな声で話すこと、大きな声で話してもよい部屋があるかだったりします。

No. 99 でも、偉い人ほど声が小さい

偉い人ほど、IT スキルは低いもの。パソコンの内蔵マイクを使っているので、声がよく聞こえなかったりします。ネット環境が悪い人もいて、ネットの速度が遅いとしゃべりが急に遅くなります。

「では次の質問ですが」が、急に「でぇえわぁぁぁ、つぅぎぃのぉぉぉしぃつぅもおんどぇえすぐわあ」とレコードの回転数を間違えたかのような声になります。

マイクをミュートにせずにトイレに行ってしまった、という悲劇も聞きました。すかさず会議のホストの権限でミュートにするようにしましょう。テレワーク時代の気くばりです。

No. 100 相手の周りがうるさいときスマートに対応する方法

ビデオ会議をしていると、うるさい子どもがいる家庭があるもの。発言している声が、後ろの子どもの声でかき消されることもあります。「うるさいから部屋から追い出してくれ」とストレートに言いたいところですが、言葉を選びます。

困っていたところ、同じ会議に同席している人が「あれ？　なんだか子どもの声がしませんか？　聞こえるの私だけだったりして」と冗談のように言いました。子どもがいる家庭の人は自分の家であることに気づいて追い出してくれました（早くそうしてくれ）。

でも、この言い方の、角の立てなさに舌を巻きました。冗談のように言いつつ、やんわり伝える。テレワークの声だけの世界になって、大人のたしなみが試されるようになりました。

本当にどこの家にも子どもがいなかったら怖いですね。

No. 101 チャット欄のざんねんな使い方

偉い人がミュートにしたまま話しはじめたときの話をしました（FILE No.4 参照）。

その後、どうなるか。身振り手振りで伝えようとした努力の甲斐もなく、無粋な若者がチャット欄に「ミュートです」と一言書いてジェスチャータイムは終わります（終わらせるなよ！）。

無事、ミュート解除された取締役が「どこから聞こえてなかった？」と聞いて「最初からです」と答えるのもまた最高の瞬間です。

No. 102 だが、黙って去るなら チャット欄にひと言残そう

ビデオ会議で新たなルールが生まれつつあります。

「会議を途中で退席する人はチャットで申告する」というものです。

会議が盛り上がっているときに「私、次がありますので」と水を差したくないとき、チャットです。

チャット欄に「次がありまして失礼します」と書いていつの間にかいなくなります。それはまるで会議室の後ろのほうでそーっと腰をかがめてドアのほうに歩いていくかのようです。

リモート飲み会でもよく見かけます。そうして気づいたら3人、午前3時、なんてことがありました。早く帰りたい飲み会から抜け出すのには最高のルールですね。いい世の中になりました。

No. 103 チャット欄にメモを書いて 議事録代わりに

ビデオ会議中、見てほしいサイトのURLやメモをチャット欄に書くことがあります。チャット欄を議事録代わりに使っている人も多いでしょう。

ビデオ会議サービスによっては、会議が終わるとともにチャットに書いたことが消えるものがあります。

私が所属しているデイリーポータルZ編集部では、チャット欄に書いたメモが2週続けて消えてしまい、毎週同じ議事について話し合いました。話している最中に「これ、先週も話さなかったっけ？」と全員が思っていました。

チャットは消えないツールに書くか、あえて残したくない内容をチャットツールに書くというスパイ大作戦的な使い方もできます。

No.104 ホワイトボードはリアル会議と同様に使える

ビデオ会議ツールには「ホワイトボード」機能がついています。全員が見られる白い画面に、文字を書いたり、フリーハンドで線を引いたり。人が画面共有している資料にも、フリーハンドで線を引くことができます。

このホワイトボード、資料への加筆機能はあまり知られていませんが、マスターしておくと、人が共有した資料に「←この部分はAさん確認。来週まで」などと役割分担を決めることができます。

これはリアル会議のホワイトボードでも同じです。書記を買って出て結局、自分に都合がいいことしか書いてない人を見かけます。書記が全体をコントロールできるのは会議でも社会主義国家でも同じです。

No. 105

画面共有で議事録を残し会議後に即メール

ビデオ会議で、Word や Google ドキュメントの画面を共有しながら議事録を書くケースが増えてきました。話した内容が、目の前で文字になっていきます。

リアルの会議だったらホワイトボードを使っていたところですが、Word のほうがより細かく書くことができます。

理解に誤りがあったらその場で指摘されますし、会議が終わったらそのまま議事録としてメールで送れば終わりです。

このスピード感が仕事をした気分を盛り上げてくれます。

自分に都合が悪い内容はさりげなくスルーして書かない、のはリアルな会議でもビデオ会議でも同じです。

No.106 メールを深夜に送っていいか迷うときは

夜中にメールやチャットツールで連絡をすると、寝ている相手の枕もとのスマホにプッシュ通知がされる可能性があります。

Gmail やチャットツールには時間指定で送る機能があるので、それを使うのがよいでしょう。

私がこれほど気を使っていても時間指定送信を使わない人もいるので、週末の夜、私のスマホに「月曜朝までに対応お願いします」というひどいプッシュ通知の文字が光っていることがあります。不公平です。夜はプッシュ通知されないように設定しておきましょう。

時間指定機能を使って午前3時にメールを送るようにしておき、相手を恐縮させることもできます。

No.107 結局メールが便利と気づく

業種によって、使っているチャットツールやメッセンジャーアプリが違います。マスコミ業界はLINEが多く、IT系はSlack、Facebookメッセンジャー、スカイプなどもあります。

使い勝手の違うツールを使うと、個別にメッセージを送ったつもりが、部署全員に「今度飲みに行きましょう」という間抜けなメッセージを送るという悲劇が起こりかねません。

そこで、業種の異なる会社とのやり取りはメール、ということになります。このまま電話、FAXとさかのぼりすぎないことを願っています。

No. 108

友達相手でも仕事のLINEはていねいな口調になる

知人が、LINEでやりとりしていた地元の友だちと仕事をすることになったそうです。

それまでは「いつあいてる？」と飲みに誘ったりしていたのに、「つきましては都合の良いお時間をいただけないでしょうか」と丁寧な言葉になったと話していました。

同じツールでも、目的によって印象が違うものになります。

いつも使っているチャットツールで同僚の男性から「品川の○○で待ってるから」と間違いメッセージを受け取ったことがあります。密会の雰囲気を感じる文面でした。仕事のツールもこんなに色っぽくなるのかと感心しました。

昔のドラマでは書類に「今夜どう？」と書いた付箋を貼って渡していましたが、あれも付箋の色っぽい使い方です。しかしそんな矢文のようなことを本当にしていたのでしょうか。

No.109 フードをかぶると仕事がはかどる

自宅でいかに集中できるか。ラーメン店「一蘭」の味集中カウンターのようなものがあればいいのですが、いかんせん自宅です。

そこでおすすめしたいのが、フードつきのパーカーです。フードをかぶって仕事をすると、なぜか集中できます。それほど視界が狭くなるわけではないのですが。

フードをかぶってパソコンに向かっていると、映画に出てくるハッカーのようで、ものすごいことをしているように見えます。エクセルの関数がエラーになってヘルプを読んでいるようには見えません。

No.110 新幹線の動画を流すと仕事がはかどる

新幹線でノートパソコンを出して仕事がはかどった経験がある人も多いと思います。ネットがつながりにくい、ほかにやることがない、目的地までに終わらせる必要がある。そんな外的環境のおかげで資料作りがはかどります。

テレワークであれを再現する方法を発見しました。自宅のデスクにタブレットを立てて、そこに新幹線の車窓動画を流すのです。車窓動画はYouTubeで検索するとたくさん出てきます。

タブレットは車窓のイメージで、デスクの脇に置きます。メールの返信は静岡までに終わらせよう、浜松までちょっと休憩して、大阪までに資料をまとめてしまおう。無機的に区切っていた作業時間が、距離になって楽しみが出てきます。

もちろん昼食も車窓を見ながら食べましょう。

No. 111 音楽、海外ラジオ、そして無音へ

テレワークをしながらSpotify、YouTubeなどで音楽を聴いています。意外にこれが落とし穴です。気がつくと、お気に入りのアーティストの曲を探していたり、プレイリストを作っていたりします。マイベストを作っている場合ではありません。

サブであるはずの音楽がメインにならないようにRadiko（パソコンやスマホでラジオが聞ける）や海外ラジオがおすすめです。

日本語が聞こえてくると気が散るので英語、英語でも何を話しているのか聞き耳を立ててしまうので、スペインやイタリアのラジオを聞いています。

集中できてくると、何語でもうるさいのですぐ消して無音です。

No. 112 ミーティング前に発声＆スクワット

テレワークで黙々と作業してしまって、朝から誰ともしゃべってないということもあります。その状態で会議に参加したら、声がうわずってしまったことがあります。

会議の前には、声を出しておくのがおすすめです。

Zoomでは会議への参加が承認される前に、コンピュータのオーディオのテストのボタンがあるので、ここからマイクのテストを兼ねて「わーわー」と声を出しています。

ただ気をつけなければならないのは、わーわーテストをしている間に会議への参加が承認されると、わーわー言った状態で会議に参加することになります。

リアルの会議で言えば、わーわー言ったままドアをあけて入ってくる

人です。やばいやつが来たと思われます。

ですが相手への威圧感はあるので、役員会などプレッシャーがかかるときにはあえてそれで臨むのもいいでしょう。

悪役レスラーの発想ですね。

No. 113 運動への意欲が高まる

在宅勤務では、確実に運動不足になります。スマホの歩数計を見ても、テレワークが始まってからガクンと数字が減っています。体を動かさなければならない、これまで以上に運動への意識が強くなりました。

2020年4月の緊急事態宣言発令後、ニンテンドースイッチの「リングフィットアドベンチャー」、室内用トランポリン、ジョギングのときにマスクがわりになるネックゲイター、あらゆるものが品薄になっていました。

品薄すぎて、買えただけで運動不足が解消したかのような錯覚を覚えました。参考書を買っただけで満足、就職先が決まっただけで満足していた記憶がよみがえります。

私はテレワーク用の椅子をエアロバイクにしようか本気で考えていました。どうかしています。

Column

ビデオ会議に参加したくないときの理由のつけ方

テレワークになって、とてもアポがとりやすくなりました。「その日、ちょっとだめなんです」が言えなくなかったからでしょう。
家にいるんだからちょっとぐらいいいじゃん。逆に言えばそういうことです。そうして、夜でもすきま時間でも打ち合わせが入り込んできます。

私たちに求められているのは「家にいるんだけれども、打ち合わせはできない」という条件を満たす理由です。

当日の急な誘いには

今日、すっぴんなので

もう、お風呂はいっちゃったんで

お酒飲んじゃったんで

別の打ち合わせがあるんで

見たいテレビがあるんで

数日後の誘いには

エアコンの修理が来るんで

マンションを売りに出していて内見が来るんで

ウーバーイーツやってるんで

ウーバーイーツの収入を減らすわけにはいかないので
きっと相手もあきらめるはずだ。

TELEWORK
FILE

第6章

リモート飲み会のピークを過ぎても

掃除の時間にホウキで遊びはじめる子どもがいました。道具を本来の目的じゃないことで使って楽しんでしまうタイプの子です。ビデオ会議で飲み会をやりはじめた大人は、きっとホウキで遊んでいた子どもです。飲み会のための道具じゃないから、いろいろ不便はあります。でも工夫して楽しみを見つけていくこの感じ、悪くないですよね。

No. 114 ストリートビューでお互いの実家を眺める

2回もやれば十分なリモート飲み会（FILE No.20参照）ですが、Googleマップのストリートビューを画面共有したら盛り上がりました。

参加者のひとりにブラウザを共有してもらい、ストリートビューで実家の近所を案内してもらいます。

「商店街のこのクリーニング屋さんの主人は、いつも近所の居酒屋で飲んでいる」「町内会の集会所でカルタ大会の練習をしている」

知らない街だけど、自分の地元にもあるような情報を聞くことができます。聞いたところでひとつも役に立つことはありませんが、同僚の子ども時代を想像すると、距離が縮まります。まるで人の実家に行ったような不思議な錯覚を覚えます。

これまでいちばん感心したのは、実家が地元で有名な心霊マンションだった人です。いつも夜になると肝試しにやってくる若者でうるさかった、とのこと。

肝試しされる側のコメントは新鮮でした。そんな人との距離が縮まるストリートビュー飲み会はおすすめです。

No. 115 青春気分に浸るならライブカメラ映像が最適

リモート飲み会は、全員が正面向いているのが、なにしろ照れます。

ひとつのものを見ながら飲むと、あの恥ずかしさがなくなります。とはいえ、ビデオ会議で動きの激しいものを画面共有しても、映像がカクカクしてしまいます。

そこでちょうどよいのが、ライブカメラ映像。川や高速道路、どこかの街の交差点などが、ちょうどよいです。

黙って見ていてもいいですし、気になるものが通り過ぎたらそれについてしゃべってもいい。全然関係ない話をしても OK。バーカウンターに並んでいるような距離感で話すことができます。

夕方、みんなで川のライブカメラ映像を見ながら飲んでいたら、どこかの屋上で川を見ながら話しているような雰囲気になりました。青春みたいな気持ちになれる飲み方です。

No. 116 つまみを揃えると盛り上がる

リモート飲み会でも、同じつまみを用意すると盛り上がります。コンビニで売ってるつまみ、スナック菓子などどこでも手に入るものが最適です。

デイリーポータル Z では、この方法で「食べ比べ記事」を書いています。あらかじめ「推したいもの」を知らせておき、それを飲み会に参加する人に買っておいてもらい、「せーの」で食べます。リモートにはなかった一体感が生まれます。

ただ、リモート飲み会の前に酔っぱらってそのつまみを食べてしまったという話を聞いて、人間にリモート飲み会はまだ早いのではないかという気がしています。

No. 117 課長や部長になりきって「会社の飲み会」ごっこ

リモート飲み会に参加する人に「課長」「部長」「取引先」「新人」などの役割を決めて飲みました。役割が決まっていると、自分の本心を出さずに飲み会を仮装パーティのように楽しめます。

「部長、乾杯の挨拶をどうぞ」

「どう？　もう会社に慣れたかな」

こんな会社の飲み会っぽいセリフが、すらすら出てきます。「日光江戸村」で江戸時代の衣装を着て街を歩いているようなプレイ感がたまりません。

リモート飲み会なら、自分の名前をすぐに「事業部長」などと変えることができますので、たまに役割のシャッフルも可能です。リモート飲み会の頼りなさは役割で補完しましょう。

No. 118 ビデオオフで有名人に偽装してみる

リモート飲み会に、有名人になり切って参加することができます。ビデオをオフにして、名前を「キムタク」「今川義元」「クレオパトラ」と変えればOKです。

プロフィール画像をそれぞれの有名人にしておくと、いっそうリアリティが増すと思います。

「木村さんは、自分が出たドラマの中でなにが好きでした？」

「桶狭間について聞いていいですか？」

そんな適当な質問をしたり、有名人になりきって答えたりすると、ふだんは使わない脳を使うので新鮮な疲労感があります。

終わってからもキムタク気分が体から抜けない、そんな不思議な感覚をどうぞ。

No. 119 ビデオオフで「Zoom ボマー」になってみる

Zoom が普及しはじめたころ、知らない会議室にいきなり裸で入ってくる「Zoom ボマー」が話題になりました。人間スパムのような存在です。

Zoom のセキュリティが向上してあまり聞かなくなりましたが、あえてミーティング URL を公開した無人の会議室を準備して、そこに裸の人が入ってこないか待ち構えておけばよかったです。

さて、ビデオオフであれば、参加している人が裸でも分かりません。つまり、ビデオオフでの全裸飲み会も可能です。それは、なにか気分が変わるのか。

いちど試してみたいと思います。うっかり、あけなくていい扉がひらいてしまうかもしれません。

ハラスメントになるので同性でやりましょう。

No. 120 乾杯のグラスの持ち方が変わる

カメラの前にグラス、缶を掲げて乾杯しますが、バーチャル背景を設定していると、グラスも缶も消えてしまいます。

ただし、自分の顔の前にグラスを出す、もしくはグラスの後ろに手のひらを掲げると映ります。美容系 YouTuber が化粧品をカメラの前に出す時のしぐさです。

あの YouTuber しぐさがそのままリモート飲み会しぐさになります。おじさんも照れずにやりましょう。

No. 121 うっかり健康的な飲み方になってしまう

リモート飲み会で張りきって用意したつまみを食べ終わったら、あとは人からもらったお土産の韓国のりや柿ピーになります。

居酒屋だと締めに焼きそばやらアイスを注文することができますが、家にはありません。酒も家にあるビールを飲みきったらおしまい。

結果として、節度のある健康的な飲み会になります。ラーメンを食べて帰ることもできません。

危険なのはウイスキー、焼酎など割って飲む酒が家にあるとき。リモート飲み会の翌日、妙に体がふわふわするなと思ったら焼酎が半分なくなってました。

No. 122 夫婦２人を映そうとして意味深なカメラアングルになる

夫婦共通の知人とリモート飲み会をすると、夫婦それぞれ別のパソコンに向かうことになります。同じ皿からつまみを食べることもできず不便です。

そこで、向かい合って座っている食卓の横にカメラを設置し、向かい合う夫婦２人とも入るようにしました。とてもいいアイデアだと思ったのですが、参加した人は「小津安二郎の映画のようだ」と言っていました。

ならばと思い、部屋の高い位置にカメラを設置して夫婦２人を入れるようにしたところ、コンビニの監視カメラのようになりました。カメラアングルによっては意味が変わる。期せずして映画の基本を学びました。

No. 123 気心知れた人じゃないと盛り上がらない

リモートで初見の人が集まる飲み会に参加したことがあります。まったくペースがつかめず、缶ビールも缶の味しかしませんでした。

どういう人なのか、どの程度のおふざけが許される雰囲気なのかがまったくわかりません。ソーシャル闇鍋です。

結果、まじめで無難なことしか言えず、マンションの管理組合の集まりのようです。飲み会がストレスになる新入社員の気持ちがわかりました。

リモート飲み会は、あまりしゃべらなくても意思の疎通がなりたつ気心知れた人とおこなうのがよいようです。

いつか空気を一切読まないストロングスタイルで挑みたいものです。

No.124 つぶれた人を介抱する家族をリモートで応援する

リモート飲み会でつぶれた人を何度か見たことがあります。

机に突っ伏して寝てしまったので、呼びかけていたら画面の外から奥さんらしき人の手が出てきて揺らしていました。

奥さんは顔を見せようとしないので、その手だけの人に会議から退出させてもらいました。「退出をクリックです」「下です。右のほう」「右下です」とお願いしているとき、UFO キャッチャーをしているような感覚がありました。

逆に、つぶれてしまったことを旦那さんが報告、「子どもを寝かしつけてからまた来ます」と言ってそのまま戻ってこなかった人など、ふだんは見せない家庭の一面が見えることもあります。

そういう一面を見ると、飲みに誘うのが申し訳なく、リモート飲み会がひらかれなくなったのはその一因もありそうです。

No.125 リモート飲み会の終わり時がわからない

午前 3 時までリモート飲み会が続いたことがあります。リアルの飲み会であれば、終電、ラストオーダー、閉店など、終わるタイミングがありますが、リモート飲み会にはありません。新しい地獄の釜のふたがあきました。

午前 3 時までいかなくても、惰性で続いているときにどうやって終わらせるかが難しいポイントです。「あした早いから」「時計を見て、もうこんな時間だ！」と言うなどの対策がありますが、シンプルで説得力があったのは「眠いから寝る」でした。

リモート飲み会にいま必要なものは蛍の光です。

No. 126 終了時に「シーン」という音が響く

リモート飲み会が終わった瞬間、「シーン」という音が聞こえます。これまでに味わったことがないさみしさです。

家で夜、テレビをつけていないとシーンとしているものですが、居酒屋から急に部屋に連れてこられたようなギャップがあります。

リアルの飲み会であれば、店から駅、電車、地元の駅から家、家、と徐々に静かになっていくところをジャンプするからでしょう。

飲み会のあと、電車で話すこともないから理由をつけて別の電車で帰ろうとしていたのにあの状況が懐かしくなりました。

次回のリモート飲み会のあとは電車の車窓動画を見て気持ちを静めていきたいと思います。

No. 127 ふざけた背景にしたまま翌朝の会議に出てしまう

前の晩のリモート飲み会で、雰囲気を出すために「磯丸水産」の店内写真をバーチャル背景にしました。

そして、翌朝９時からの会議に「いけす」をバックに登場しました。リモートなので息が酒臭いことも伝わらないのですが、こんなに深酒したことがわかる背景もありません。

Zoom は 2020 年９月に自分の顔に眉毛、ひげを追加する機能がつきました（Zoom はどこに行こうとしているのでしょうか）。

さっそく眉毛を太くしてひげをつけ、メキシカンな雰囲気で夜のミーティングに参加しました。想像どおり、翌朝の部長との１対１の会議にメキシカンのまま登場しました。どうもグラシアス。

Zoom の眉毛、ひげの設定のところに「今後のすべてのミーティングに適用」というチェックボックスがあります。ぜひここをチェックしたままにしてビデオ会議のアイスブレイクにしてください。

No. 128 リモート飲み会はいまのうちにやっておこう

2020年に始まった「リモート飲み会」は、たぶん3年後ぐらいに笑って語られるものだと思います。

「やったね〜、リモート飲み会」

「なんだったんだろうね、あれ」

だからこそ、いま、リモート飲み会をするべきです。照れずにリモート飲み会をして、後世に伝えましょう。

互いに歩きながらリモート飲み会、同じ店にいるのにリモート飲み会、まだまだやれることはあるはずです。

Column

リモート飲み会に参加したくないときの理由のつけ方

「営業が取引先のリモート飲み会に誘われて困っている」という話を聞きました。その営業がにこやかなのは仕事のためだ、とわかってほしいものです。

「自宅にいながらでOK」というリモート飲み会のハードルの低さが、逆に断りにくくしています。

夜、家にいるけれども、飲み会には参加できない。

ひとことで相手を黙らせる、圧倒的な理由を用意しておきましょう。

うちのパソコンがある場所、照明がなくて真っ暗になるんで

夜になるとうち、ネットが遅くなるんです

私、スキンケアに３時間かけているんです

夜は写経の時間なので

その日はハサミ座流星群ですよ。なんで見ないんですか？
（もちろんハサミ座なんて星座はない）

うちの前にゴミを捨てる人を見張る日なので

繁華街を夜回りしているから

山から下りてくるイノシシを追い返さないといけないから

山から下りてきたイノシシが畑にいると、駆除されてしまいます。リモート飲み会など生ぬるいことを言ってきた相手も黙るでしょう。

TELEWORK FILE

第7章

久しぶりの外出！世界はこんなにまぶしかった

当たり前のように通っていた会社も久しぶりに訪れると新鮮です。コピー機やデスクの便利さに感激します。でも続けて通うほどではないから、またテレワークに戻り、そしてたまに会社に行ってテンションを上げる。理想のテレワークは、サウナと水風呂の繰り返しに似ています。

No.129 ハンコを押すための出社でも少しテンション上がる

テレワーク中でも、経費精算や書類にハンコを押すときは出社します。ハンコを押すためだけに出社するなんてナンセンスだと思いながらも、ちょっとテンションが上がっているのは否めません。
「あした、会社行くんだよ」なんて、言わなくていいことをビデオ会議で言ってみたり。

前の晩、会社に行くまでに読む本やヘッドホンを準備して、出張に行くかのような準備をします。カバンに入れた本を結局読まないで帰ってくるのは出張と同じです。

No.130 会社のあるフロアを忘れている

久しぶりに会社が入っているビルに到着、エレベーターに乗ります。あれ？　オフィス何階だったっけ？　わからなくなってることに気づきます。

このへんだった気がする……と押してみて、おそるおそる降りてみると、なじみのある受付が目に飛び込んできてほっとします。

が、テレワーク実施中の受付は電気が消えていて、緊急の連絡先や宅配便の人への案内など紙がたくさん貼られて、倒産した会社のような雰囲気になっています。

No. 131　会社の設備に驚く

久しぶりに会社に行くと、その設備に感心します。座りやすい椅子、ガタガタしない机、ペットボトルのラベルをはがさないでそのまま捨てていいゴミ箱、無料のコピー、備品の引き出しをあければ付箋やクリアファイルがたくさん入っています。そして会議室にはホワイトボード。

仕事ランドです。まるでデスクワーカーのためのラウンドワン。

相変わらずホワイトボードマーカーが出ないのはご愛敬です。

しかもオフィスはなぜか眺めも良い。会社ってみんなパソコンに向かって作業したり、会議をしているだけなのに、眺めがいい必要があるでしょうか。地下室でいいんじゃないか。そんな根源的な疑問を抱きました。

No. 132　久しぶりに出社すると忘れ物をする

テレワークのあいだに社会人としての勘がすっかり衰えて、忘れ物をします。久しぶりのリアル打ち合わせで、名刺を忘れている人を何度も見ました。ペンだけ持ってきてノートを忘れたり（またはその逆）。

私はパソコンのACアダプタを忘れて1時間しか使えず、久しぶりのリアル出社は昼前に終了となりました。

半年でここまで衰えるので、短パン＋ランニングで出社してしまう日も近いでしょう。

No.133 忘れもの防止のため マウスは有線で

リアル出社の朝、家に置きっぱなしのパソコンをがばっとつかんでカバンに入れるとき、忘れがちなのがマウスです。

そこで、あえて有線のマウスを使っている、という人もいます。有線ならば、パソコン本体をつかんだときにケーブルでつながっているので、まず忘れることはありません。

電源ケーブルは、忘れたら同僚のものをちょっと借りてもいいのですが、人のマウスは、接触を避けるこの時代、避けたいところではあります（人のマウスって、なんだかぬめっとしませんか？）。

もちろんマウスを会社と自宅、両方に置いておく手もありますが、あえて有線というこだわりに達人っぽさを感じます。

No.134 会社の作法を忘れる

忘れるのはモノだけではありません。パスワードや会社のドアのロック解除の方法など細かい作法を忘れます。

パソコンのログインパスワードは、在宅勤務でも使うので忘れませんが、経理システムへのログイン方法、複合機へのプリント方法、社内 E ラーニングのページに至っては、そのページがどこにあるのかも忘れました。

同僚にチャットで聞いて、ログイン ID が社員番号であることはわかりましたが、社員番号の欄に前の会社の社員番号を入力しそうになりました。

ID カードを忘れて、ビルの下のドトールでテレワークした人もいます。オフィスビル内のカフェで仕事をしている人の半分はIDカードを忘れた人だとにらんでいます。

No.135 なれなれしいキャラになっている

久しぶりの会議、「生で会うのは3か月ぶりですね！」「3次元ですね」「本物だ～」「生山田！」などと言ってしまいます。

そんな、なれなれしいキャラではなかったはずですが、直接会う興奮でキャラを間違えがちです。

相手がやや引いていたのはそのせいだったのでしょう。ノリ悪いな～などと思っていましたが、「生山田」と、しこ名のように山田さんを呼んだからでしょう。

そして、リモートでしか会ったことがない人に直接会うと、意外な大きさに驚きます。180㎝を超えているとたじろぎます。

No.136 久しぶりに出社すると店がつぶれている

テレワークが普及し、オフィスビル内の店がつぶれています。久しぶりに会社に行って昼ごはんを買いに行こうとすると、ありません。成田と羽田を間違えたビジネスマンのように立ち尽くしてしまいます。

ほかにも、ビジネスマンのランチをあてにした店がなくなり、社食がなくなった会社もあります。

でも、「この店、いつも客が入ってないけど大丈夫なのかな」と思う店は意外に残っています。テレワーク関係なく、客が入ってないからです。

No.137 ロッカーの私物を持ち帰って大荷物になる

久しぶりのデスクには、郵便物が積まれています。その量は、世間から自分が必要とされていることの証のようで、誇らしい気持ちになります。だいたい展示会のDMですが。

そのDMの下に、健康診断の結果を発見して、暗い気持ちになったりします。

来たついでにロッカーに入れっぱなしだった毛布や私物を持ち帰ろうとすると、会社を辞めた人の最終出社日のようになります。または一学期の終業式帰りの小学生のようです。

No.138 デザイナーはデスクトップを持って帰る

どこの会社でも、会社支給のノートパソコンは非力です。メモリをふんだんに搭載したノートパソコンが支給された、という話を聞いたことがありません。

とあるデザイナーは、社外で使ってよいノートパソコンを支給されたけど非力のため、会社で使っていたデスクトップを自宅作業用に持って帰ったそうです。

その代わり、支給されたノートパソコンを会社で使っているとのこと。いまや会社でおこなうのは伝票処理ばかりなので、非力なパソコンでも関係ありません。

デスクトップパソコンを抱えて電車に乗っている人、それは泥棒ではなくテレワークのデザイナーかもしれません。

No.139 社外へ打ち合わせに行くと緊張する

受付で電話をとって「14時にお約束いただいている林です。いま受付におります」と言う。名刺を交換する。打ち合わせで「御社は……」と言う。という行為にいちいち緊張するようになってました。

武道じゃないですが、こういうサラリーマン的な一連の動作は体で覚えているものだったんですね。なにも考えずにするーっとやっていたことにひっかかるようになりました。

打ち合わせが終わった後、会議卓に広げた資料、パソコンをしまうのもモタモタします。でもこれはテレワーク以前からそうでした。

No.140 対面ってやっぱりいいな！と興奮するがリモートと大差ない

久しぶりの対面の打ち合わせ。「やっぱり顔を合わせるというのはいいですね！」とキャッキャするのは最初の5分です。

そのあとは、リモートの会議と同じように淡々と進行します。対面だといいアイデアが出る、ということでもないようです。

考えてみれば、テレワークが始まったときに、「こういうビデオ会議も新鮮だね！」とキャッキャした記憶があります（手なんか振っちゃったりして）。

猫は同じ食べ物を食べない習性があるそうですが、会議も定期的にスタイルを変えていくのがよいでしょう。

いちどケーキバイキングの店で会議をしたらケーキに夢中になって会議になりませんでした。変えすぎもいけないようです。

No.141 退勤後、デパ地下に寄ってしまう

久しぶりに会社に行くと、ターミナル駅を通ります。

すると、帰りにデパ地下に吸い込まれて、晩のおかずを買ってしまいます。いいサラダ、ローストビーフ、高いけどうまい。ふだん、近所で買っているおかずがランクアップします。

以前はそのターミナル駅を毎日通っていましたが、デパ地下で買い物なんてしていませんでした。

都会に行くのが特別になってしまい、テンションがあがっています。「たまにしか通らないからいいか！」と、自分への言い訳も欠かせません。

No. 142

服屋や本屋の便利さに驚く

テレワークでは、洋服も本もネットショップで注文しています。すると、「ちょっと違ったかな……」と思うことがたまにあります。

先日、大型書店に行って買おうか迷っていた本を読めることに感激しました。すごく便利です。4000円の本を数ページのプレビューだけで判断しなくていいのですから。

書店をはじめて訪れた人、みたいな喜び方をしてしまいました。喜びすぎてSNSに書きました。当たり前すぎて反応はありませんでしたが。

迷っていた高額の書籍はそれほどでもなかったので、無事買わずに済みました。

「4000円得した！」そう思って4000円以上の本を買って帰りました。

洋服屋も夢のようです。試着し放題。

No. 143 駅の乗り換えで疲れ果てる

たまの外出、電車の乗り換えが疲れます。階段を上って降りて、通路を延々歩いて、ようやく次の電車。電車に乗ったらじわじわと汗が止まりませんでした。

テレワークになって１日の歩数が激減しましたが、きっとあの歩数の大半は、乗り換えです。家から駅までではなく、あの迷路のような通路で私の健康が保たれていました。

私のように疲れ果ててベンチでリンゴジュースなどを飲んでいる人も多いでしょう。テレワークになってあのジュースの売り上げが上がっているとにらんでいます。

No. 144 外出時の服装を間違える

在宅勤務で、服装の勘が鈍くなりました。寒くなっているのに夏の延長のような服装で外に出てしまったり、逆に、すごい厚着で出てしまったり。

季節の変わり目は人によってファッションの差が激しいものですが、テレワークが普及したいま、電車の中を見回すと、服装にかなりの幅があります。半袖の人からニットキャップの人まで。

外出をあまりしないと「流行のファッションも数人見かけるな」という段階を飛ばして、いきなり「全員着ている」という状態で遭遇することになります。

2020年秋で言うと、ベージュのベストをいきなりたくさんの人が着ていました。

No.145 ノーマスクで外に出ると ノーズボンくらいの違和感

2020年11月現在、外出時はマスクが必須です。なんですが、いちどマスクするのを忘れて外出してしまいました。

まるでズボンをはかないまま外に出てしまったような気まずさです。混雑した駅にパンツだけで立っている、悪い夢でたまに見るようなシチュエーションです。

それは私だけではないようで、ずっと手で口をおさえたままの人を見ました。なにかに驚いているのかと思ったらマスクを忘れた人でした。

No.146 見慣れたはずの 景色が変わっている

たまに外出すると、街の景色が変わっています。

2020年はオリンピックを見越して駅が改修され、新しいビルが建ちました。慣れている駅でも新しい通路に戸惑い、「へー、ここに出るのか〜」とプチワープ感覚を味わえます。

たった半年来なかっただけでも、2年ぐらいの時間が経ったかのような変わりようです。

まったく変わってない甘栗の売店だけが、映画『猿の惑星』のラストシーンのように輝いています。

No. 147 目に飛び込んでくる情報量が多い

久しぶりに大手町の地下を歩いていたら、地下道の電気メーターに「ドトール専用」と書いてありました。少し離れたところにあるドトールコーヒーの電気メーターでした。

たまに外に出ると、こういう予想外の文字が気になります。

ビルの案内に変わった名前の会社があったり、植え込みがもさもさになっていたり。気になって写真を撮ったり検索したりしてしまいます。

在宅勤務だと、目にするものがパターン化していきますが、外に出たときの情報量の多さ、多様性にくらくらします。

「世の中、面白いな」とタイムトラベラーのようなことを思っていました。

No. 148 匂いを気にせず食事するようになった

テレワークになって、口臭について考えなくなりました。昼からニンニク料理を食べてもビデオ会議だと全く問題ありません（テレワークが本格的になって、コンビニにガーリックを売りにした弁当が増えた気がします）。

たまに出社しても、マスクをしているので（たぶん）大丈夫。

ニンニク、キムチ、においが強い食べ物はスタミナ食です。テレワークになって会社員の顔がテカテカになっています。カメラエフェクトでテカリを減らしましょう。

No.149 打ち上げがないと1日が長い

リアルの集まりも徐々に解禁されていますが、そのあとの飲み会や打ち上げはおこなっていない職場が多いようです。

そこで気がついたのが、打ち上げがないと１日が長い、ということです。

かつては、集まりが２時間だとして、それと同じぐらいの時間、打ち上げをしていました。

いまは、昼にイベントがあっても、打ち上げもなく解散するので夜８時には家にいてテレビを見ています。まるで１日家にいたような気持ちになります。

打ち上げを仕事と勘違いしていました。

おわりに

この本が出た背景はいまさら説明する必要もないと思いますが、新型コロナウイルスです。

そんなものが2020年初頭から流行って緊急事態宣言が出て、会社に行くのがままならなくなりました。

私が所属しているデイリーポータルZ編集部はインターネットのメディアながら、ネットの話題は扱わず、世の中に「ある」ことを取り上げる、屋内で撮れる写真も外で撮る、をルールにしていたので、すごく影響がありました。外に出られないのですから。

でも絶対に更新は止めないという決意がありました。

それは使命感ではなく、更新を止めたらサイトが必要ないことにみんな気づいてしまうからです。更新を止めても世の中は何事もなく続いていくでしょう。

それがばれたら私の仕事がなくなります。

とにかく仕事を続けなければならない。私利私欲です。

取材は対面ではなくビデオ会議を使う、メールやチャットで伝えるほどでもない思いつきを話せる雑談の時間を設ける……。いろんな方法を考え、試しました。

ビデオ会議を使った取材は、むしろ対面よりも取材を受け入れてくれる人が増えて、手ごたえを感じています。逆に、雑談の時間は全員が黙る時間があり、手ごたえのなさを感じています。

ほかにもビデオ会議用のヘッドセットを4つ買いましたし、クッションは3つ買いました。ヘッドセットを4つ買ってわかったことは「でかい声で話せ」でした。

胸から上だけがシャツ風になっているスウェットも買いました。それを着てビデオ会議に出るとワイシャツを着ているように見えるアイデア商品です。

でもうっかり着たままコンビニに行ってしまいました。「一部分だけちゃんとしたやつが来たぞ」と思ったでしょう。

ペリーが日本にやってきたとき、西洋の文明が進んでいることを示すために電信機や蒸気機関車の模型を持ってきました。

それに対して、幕府はなめられないように、力士をたくさん連れて行ったそうです。技術に対して力持ちで対抗。そういうところがなめられるんだぞ、と教えてあげたいエピソードです。

今となっては笑える話ですが、当時の日本人がまじめに考えた結果なのでしょう。

きっといまのテレワークも、後世の人からしたらどうかしていることが多いと思います。力持ちで対抗しているようなことをしているはずです。

Zoom で飲み会したり、小さなフレームのなかでオーバーにうなずいたり。

でも（後世の人たちに語り掛けています）、私たちはこれがいいと思って真剣に考えてやっているんですよ。

2020 年に生まれた知恵や習慣のなかには、テレワークの標準になるものもあるでしょう。電話に出たときに「もしもし」と言う、みたいな。

でも私は後世に残らないハズレのほうを記録しておきたいと思います。

今しか見られない時代のあだ花のような工夫に愛おしさを感じてもらえたら幸いです。

この本は編集の石井智秋さんの尽力なしには成り立たないものでした。石井さんはずっとビデオ会議でしかミーティングしておらず、ゲラを受け取るときに初めて会ったら意外に背が高いというテレワークあるあるを体現していました。

内容にぴったりのイラストを描いてくれたなかむらるみさん、ありがとうございました。

テレワークの知恵を授けてくれた、井上マサキさん、阿部元貴さん、與座ひかるさん、北向ハナウタさん、西村まさゆきさん、伊藤健史さん、西垣匡基さん、石井さんの友人の綾さん、Yuki さん、みなさまありがとうございます。

同棲しているエピソードを教えてくれたＸさん、名前は出せないけど感謝しております。

毎日私がモニターに向かってわーわー言っているのを横で聞かされている妻にも謝辞を述べつつ、筆をおきたいと思います。実際はキーボードで書いてますけどね。

2020 年 11 月

林 雄司

著者紹介

林 雄司

デイリーポータルZ（DPZ）編集長であり、シリーズ累計150万部のベストセラー『死ぬかと思った』の著者。
1971年、東京都練馬区生まれ。埼玉大学教養学部（専攻：コミュニケーション論）卒業。会社勤めの一方、インターネット黎明期の1996年に個人サイト「東京トイレマップ」「Webやぎの目」を立ち上げて雑誌やテレビで話題となる。
2002年、個人サイトで培ったスピリットを生かし、DPZを立ち上げる。編集長として編集部&ライターのチームを束ねる一方、自身も記事執筆やデザイン、コーディング、動画編集、イベント企画など、会社員でありながら多岐にわたる活動を続けている。
本書は2020年のコロナ禍における突然のテレワークで体験したエピソードを明かしつつ、より楽しく働くための知恵と工夫を集約した一冊。

テレワークの達人《たつじん》がやっている
ゆかいな働《はたら》き方《かた》

2020年12月1日　第1刷

著　者　林《はやし》　雄《ゆう》司《じ》

発行者　小澤源太郎

責任編集　株式会社プライム涌光
電話　編集部　03(3203)2850

発行所　株式会社青春出版社
東京都新宿区若松町12番1号〒162-0056
振替番号　00190-7-98602
電話　営業部　03(3207)1916

印刷・大日本印刷　製本・大口製本

万一、落丁、乱丁がありました節は、お取りかえします

ISBN978-4-413-23180-0 C0030